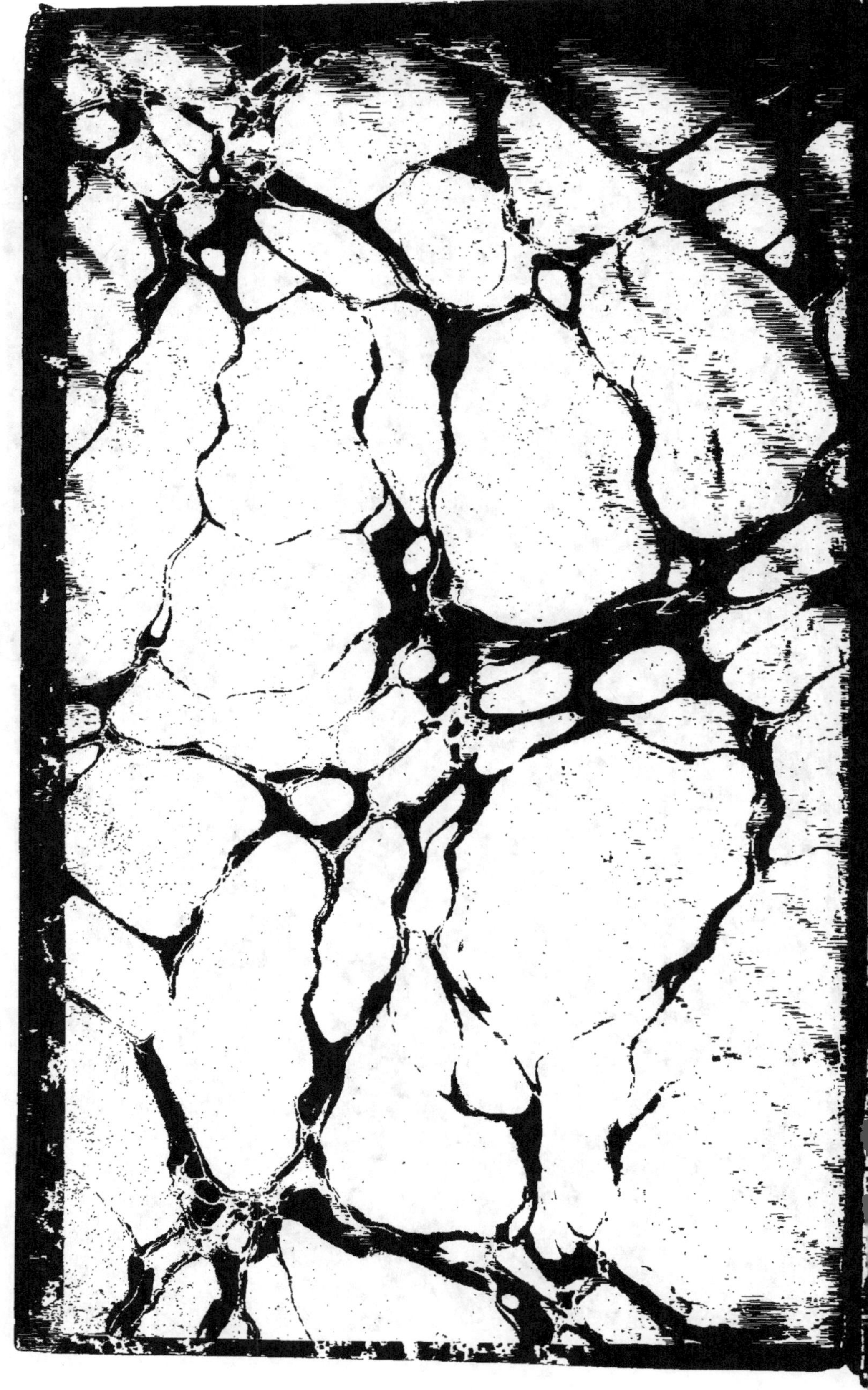

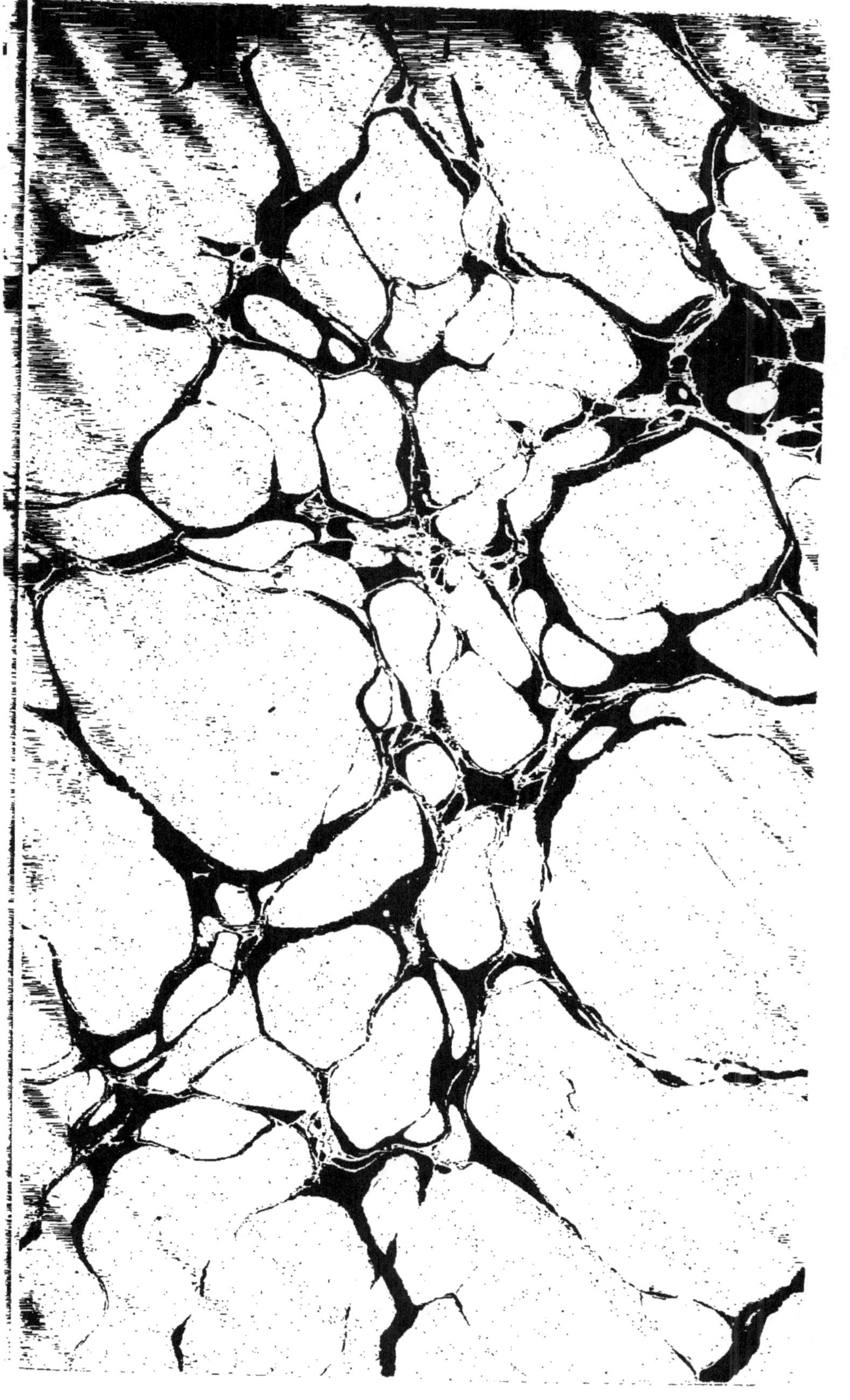

LE
JAPON PRATIQUE

COLLECTION HETZEL

BIBLIOTHÈQUE DES PROFESSIONS
INDUSTRIELLES, COMMERCIALES ET AGRICOLES

LE
JAPON PRATIQUE

PAR

Félix Régamey

CENT DESSINS PAR L'AUTEUR

Beaux-Arts
Décoration
Arts graphiques

Série K
—
N° 4

PARIS

J. HETZEL ET Cie, ÉDITEURS
18, RUE JACOB, 18

LE JAPON PRATIQUE

LE JAPON VU PAR UN ARTISTE

> Autant que j'en puis juger, les Japonais surpassent en vertu et en probité toutes les nations découvertes jusqu'ici. Ils sont d'un caractère doux, opposé à la chicane, fort avides d'honneurs qu'ils préfèrent à tout le reste. La pauvreté est fréquente chez eux sans être en aucune façon déshonorante, bien qu'ils la supportent avec peine.
>
> SAINT FRANÇOIS-XAVIER.

Japonais et Chinois, n'est-ce pas tout un pour la grande majorité du public? Il y a là une confusion regrettable qu'il importe de détruire. Car s'il est vrai que l'une des deux civilisations ait été le berceau de l'autre, elles ont entre elles beaucoup moins de rapports que cette filiation ne le laisse supposer. L'aspect physique et le caractère particulier de ces peuples présentent, en effet, de profondes dissemblances. Sans prétendre épuiser ici la série des preuves qu'une investigation patiente et minutieuse permettrait d'accumuler autour de cette assertion, j'essaierai simplement d'en dégager quelques-unes, parmi les plus certaines et les plus apparentes.

Au Japon, très hospitalier, l'art est partout, comme mêlé à l'air que l'on respire. Aussi les Japonais sont-ils passés maîtres dans la science de vivre et de peindre la vie — la leur bien entendu, qui n'est pas plus celle des Chinois qu'elle n'est la nôtre.

La Chine est un milieu aussi hostile à l'art qu'aux étrangers. Un voyageur candide s'arrêtant pour faire le croquis d'une place forte à la frontière allemande n'est pas exposé à plus d'avanies que le dessinateur qui s'avise de prendre des notes dans les rues de Canton. J'en ai fait l'expérience. Il n'est invective méprisante ou grotesque dont on n'assaille là-bas, comme naguère encore nos propres paysans, les « tireux d'plans » — tous « jeteux d'sorts ». Proposez à un Chinois de lui faire son portrait : il se cachera de suite, et vainement, pour obtenir qu'il pose, tenterez-vous de le séduire : le plus misérable d'entre eux résistera aux offres les plus brillantes. Livrer son image à un tiers, c'est — dans leur étroite superstition — attirer sur soi tous les dangers imaginables.

Au Japon, ce jardin fleuri où tout est joie, lumière et vie, où chacun du haut en bas de l'échelle, a le sens plus ou moins développé des beautés de la nature, l'artiste n'a rien à redouter. Il peut, tant qu'il lui plaira, dessiner sans éveiller la moindre suspicion. Et pas plus que le chevalet du peintre, l'objectif du photographe n'y est, ainsi que sur les bords du fleuve Jaune, un objet d'épouvante.

A la vue d'un passant européen, qu'on lui montre du doigt avec des paroles inquiétantes, l'enfant chinois, terrorisé, pleure comme s'il était mis en présence d'un diable venu pour l'emporter. Au Japon, le même voyageur recevra un tout autre accueil, et le bébé japonais, rendu moins farouche, n'aura pour lui que des sourires.

Les Chinois et surtout les Chinoises se couvrent de joyaux [1]. Les Japonaises — non plus que les Japonais — ne portent ni colliers, ni bracelets, ni bagues, ni boucles d'oreilles, aucun bijou, en un mot, « touchant à la chair » particularité d'autant plus remarquable qu'elle est peut-être unique en l'espèce.

La Chine donne en spectacle la collection d'affamés,

---

1. Témoin mon excellent ami, le général Tcheng Ki Tong, qui porte deux bracelets d'or.

d'infirmes et de monstres la plus abjecte et la plus repoussante qui soit au monde. Et sans parler des lépreux qui se groupent autour des villes, combien de « Cours des Miracles » pourrait-on recruter dans leur population.

Nulle part le fétichisme du cadavre n'exerce sur l'esprit des gens un plus grand empire.

Et comme chacun a le droit d'enterrer ses morts à sa guise et suivant ses ressources [1], on se heurte continuellement à quelque monument funèbre : ici, les restes pourris d'un lourd cercueil de bois surgissent à fleur de terre ; là, ce sont des fragments d'animaux sculptés dans la pierre, chevaux, tigres, lions, ou dromadaires qui, jadis, gardaient l'avenue conduisant au tombeau d'un illustre personnage, maintenant oublié.

Au Japon, c'est tout le contraire. Nul ne semble y prendre souci des destinées de « la bête », et le caractère est ainsi fait qu'on prend les misères humaines le moins possible au sérieux. Ainsi, dans la vie courante, les aveugles sont entourés d'égards ; cependant l'imagerie japonaise — beaucoup plus nombreuse et vivante que l'imagerie chinoise, soit dit en passant — s'égaie fréquemment à leur dépens.

---

1. C'est à la Chine que le Japon est redevable de l'invasion du choléra.

Par contre, il n'y a pas d'exemple que sa causticité se soit exercée à caricaturer les bossus. A quoi cela tient-il? Tout simplement à ce qu'il y a beaucoup d'aveugles, mais... pas un bossu.

Sauf la cécité, les infirmités sont très rares au Japon. Aussi pourrait-on dire que la mendicité n'existe pas, n'étaient les bonzes quêteurs.

La maison chinoise, construite en briques, est lourde et d'apparence rébarbative, toujours close hermétiquement. Les fenêtres sont à battants; les portes tournent sur des gonds; le sol est dallé. On trouve, dans la cuisine, une cheminée maçonnée. La cour est entourée de murs. Les Chinois ont de vrais lits et, comme nous, prennent leurs repas assis sur des chaises.

La maison japonaise, faite de bois et de papier, a l'air amusant d'un grand joujou. Cloisons, portes, fenêtres sont mobiles et glissent dans des rainures. Ouverte à tout venant, l'habitation est aussi hospitalière que les habitants sont accueillants. Pour tout mobilier, les Japonais n'ont que des coffres et des étagères. Ils se font servir sur des plateaux. Des nattes épaisses et moelleuses couvrent le sol. Accroupis ils y mangent. Allongés, ils y dorment, enveloppés de chaudes couvertures munies de manches.

Le costume japonais dédaigne les boutons et les boutonnières du costume chinois. Les Japonais chaussent des sandales, les Chinois des souliers. Ils ne portent pas la queue, ne sont pas joueurs, ne fument pas l'opium. Enfin, détail plus caractéristique, leurs femmes — dont ils n'estropient pas les pieds — vont et viennent librement : ils n'ont jamais éprouvé le besoin de les faire garder par des eunuques.

N'en voilà-t-il pas assez pour expliquer le mépris que ces deux voisins professent l'un pour l'autre?

*
* *

Et pourtant, dira-t-on, c'est à la Chine et à la Corée que le Japon a emprunté, avec sa civilisation, ses principes d'art et ses procédés de fabrication. Oui, sans doute, ses procédés surtout.

Tandis que les initiateurs s'immobilisaient dans de sempiternelles redites, où le trait original allait chaque jour s'affaiblissant davantage, les initiés, au contraire, tirant un admirable parti de l'outil mis entre leurs mains, se dégageaient des formules étroites qu'on leur avait transmises, et, rapidement, atteignaient aux limites extrêmes de l'élégance et de l'originalité.

Ainsi, grâce à ses facultés incomparables d'observation, grâce à son impeccable sûreté de goût, à sa puissance prodigieuse d'invention, à son exquis sentiment de la nature, si ingénieux à la fois et si ingénu, l'élève élargissant, de toute l'ampleur de ses qualités natives, le cadre de la science acquise, a su créer, par delà des leçons du maître, un art absolument personnel, — l'art national.

S'il fallait, au surplus, s'arrêter à ces questions d'origine, n'aurions-nous pas à rappeler que l'influence persane, passant par la Chine, pourrait fort bien, aux dires de certains auteurs, s'être exercée sur l'art japonais aussi bien que sur l'art indou?

*
* *

Contrairement au phénomène qui se produit lorsqu'on a beaucoup présumé de la beauté d'un chef-d'œuvre de l'art ou de la nature, je n'eus aucune déception en arrivant au Japon. Je retrouvai très exactement les paysages et les gens que les premiers albums parvenus en France m'avaient révélés en 1863.

C'était, sous un ciel superbe, cet archipel volcanique de plusieurs milliers d'îles couvertes d'une végétation luxuriante, où les bambous graciles et les pins gigantesques impriment un cachet tout spécial d'élégance et d'ampleur. En vérité, les images ne m'avaient pas menti. Oui, c'était bien là ce qu'elles m'avaient conté de chacune des saisons apportant, comme dans une féerie, son décor nouveau ; le printemps avec ses innombrables cerisiers en fleurs poudrant de rose les collines ondulées ; l'été, les rivières sinueuses, toutes frissonnantes sous les grandes pluies d'orage ; l'automne épuisant au profit des érables la gamme infinie des rouges de sa palette ; l'hiver enfin, avec ses ouates de neige et ses broderies de givre, que les Japonais vont voir — comme nous, la pièce nouvelle de l'auteur en vogue — et qu'ils ne se lassent pas d'admirer.

A ce propos, je ne résiste pas au désir de citer deux traits d'une naïveté qui me paraît charmante. C'est M. Hayashi, un des rares Japonais ayant écrit sur son pays en français, qui les raconte :

Une servante ouvre les portes de la maison, et, devant le tapis d'une immaculée blancheur que la nuit a étendu sur le jardin, elle s'écrie : « Ah ! la nouvelle neige... il ne faut pas la salir... où jetterai-je ce marc de thé ? »

Et cette autre, parlant à sa maîtresse : « De grâce,

madame, ne m'envoyez pas au marché ce matin ; le
petit chien a fleuri la cour avec ses pattes... je n'aurai
jamais le courage de brouiller, avec mes sabots, ces
dessins si jolis !.. »

* *
*

La théorie de l'influence des milieux trouve au
Japon sa parfaite confirmation, et c'est bien là que
devait naître cette gracieuse pensée attribuée à l'un
de ses philosophes : « Le sourire est la source du bonheur et de la fortune. » Si cela était vrai, tous les
Japonais seraient riches et heureux. Ce serait trop
beau. Ils se contentent d'être un peuple gai, poli,
d'une urbanité constante ; de posséder à un très haut
degré l'amour filial, la patience, l'ordre, la propreté.
Ils tiennent à ce que la maladie dissimule ses laideurs,
à ce que la mort, négligée, se fasse toute petite. Ne
voulant pas non plus que l'intervention des choses
funèbres se fasse trop sentir dans le train ordinaire
de la vie, ils mettent une sorte de coquetterie stoïque
à ne pas s'étendre sur ces choses lamentables à voir,
à les ignorer ; chacun trouve convenable de garder
pour soi ses chagrins et de n'en laisser rien paraître.
Le bon goût suffirait pour imposer silence aux mani-

festations du pessimisme, si, dans le sein de cette société bonne enfant, on en pouvait seulement soupçonner l'existence.

*
* *

Il fut un temps, si l'on s'en rapporte aux témoignages de l'histoire, où les dieux étaient considérés comme de grands parents doux et compatissants ; où les princes avaient des greniers s'ouvrant pour le peuple aux jours de famine ; où les guerriers se faisaient construire des pavillons sur l'eau, dans lesquels, entre deux batailles, ils venaient composer des poésies au clair de lune.

Aujourd'hui encore, à peu de distance de Kioto, dans un site pittoresque, s'élève un léger édifice d'où se découvre un vaste horizon ; là, se réunissent les poètes, pour composer des vers à la louange de l'empereur régnant, en une sorte de tournoi académique qui a lieu tous les ans le 15 août.

De cette littérature officielle nous n'avons rien à dire ; mais il en est une autre plus familière, se reliant à certaines coutumes populaires, à certains jeux, dont voici quelques exemples :

Des fragments de poésie sont tracés sur de petites

soucoupes laquées qu'on fait filer sur l'eau, et qu'on recueille à mesure qu'elles atteignent le rivage.

Assemblés dans l'ordre de réception, ces fragments forment des pensées, et c'est quelque chose qui rappelle notre jeu des « petits papiers. »

On dresse aussi des grues à faire le service de nos pigeons voyageurs; c'est une joie de les voir partir bruyamment, et c'en est une aussi de les voir arriver.

On peut leur confier une correspondance très complète : avec ces oiseaux, l'excédent du poids n'est pas à craindre.

A l'occasion de la fête du « Mariage des Étoiles », on compose des vers qu'on suspend aux branches des arbres en fleur. Cette aimable fantaisie doit son origine à l'aventure de deux amants qui furent changés en étoiles.

Perdus dans l'immensité du firmament, ils sont, pour l'éternité, séparés l'un de l'autre par la voie lactée; il ne leur est permis de se rapprocher qu'une fois dans l'année, pendant la nuit — encore faut-il que, cette nuit-là, le ciel soit très pur. — Si le temps est couvert et orageux, les oiseaux qui font avec leurs ailes le pont nécessaire à la rencontre, n'oseront pas sortir de leur nid, et, la petite fête sera renvoyée à l'année suivante.

C'est pour que pareille mésaventure soit épargnée à ces âmes éplorées, que les Japonais — et les Japonaises surtout — adressent au ciel des supplications en vers, qu'ils suspendent aux arbres.

N'est-ce pas aussi une imagination charmante que celle qui fait s'échapper de la large manche de cette mignonne poétesse une nuée de petits papiers, qui deviennent des oiseaux à mesure qu'ils s'élèvent vers le ciel?...

La réflexion qui naîtra à l'esprit de toutes les mères,

au récit de ces jeux pour grandes personnes, c'est
qu'il y en a sans doute
bien d'autres pour le
petit monde et qu'on ne
doit guère lui laisser
le temps de s'ennuyer ;
elles ne seront pas trom-
pées.

Dans ce pays, où pas
une bête n'est à l'at-
tache, où bien peu d'oi-
seaux sont en cage, il
est excessivement rare
d'entendre pleurer un
enfant ; ces petits êtres
ne sont jamais en proie
à ces crises rageuses qui
s'emparent des nôtres,
le plus souvent sans
que l'on sache pour-
quoi.

Le Japon est le para-
dis des bébés, aussi, en
venant au monde, sont-
ils déjà de bonne humeur ; plus tard, c'est joyeuse-

ment encore qu'ils vont à l'école où ils sont d'ailleurs particulièrement sages.

Ils n'y allaient pas tous autrefois. Avant la révolution à laquelle on doit l'instruction laïque, gratuite et obligatoire, les écoles publiques pour les enfants du peuple n'existaient pas. Cependant presque tout le monde savait lire et écrire les caractères représentant les idées et les objets d'usage courant.

Actuellement, trois mille caractères environ sont enseignés dans les écoles. Un homme distingué doit en connaître de huit à dix mille, et, si l'on veut passer pour un véritable lettré, il faut arriver jusqu'à plusieurs dizaines de mille.

On a en outre la ressource d'une écriture phonétique, l'*Hirakana*, inventée, dit-on, par le fameux prêtre bouddhique Koobô Daïshi, qui, simplifiée depuis, prit le nom de *Katakana* — ces deux alphabets continuant néanmoins à être employés simultanément.

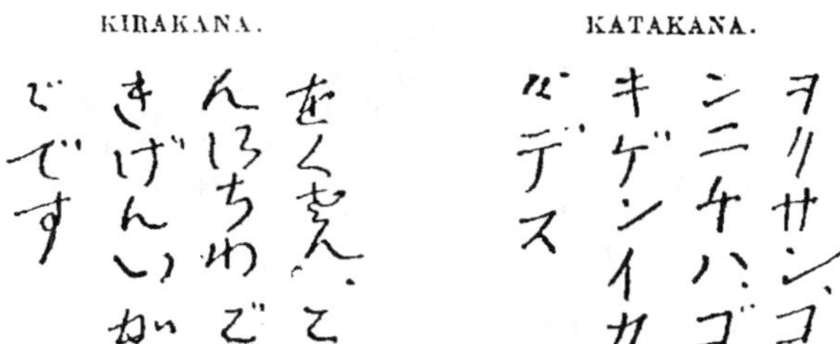

TRADUCTION : « Le chiffre de la population du Japon dépasse trente-neuf millions d'habitants. »

Nulle part, la tâche de l'enseignement n'est rendue plus facile qu'au Japon. Les professeurs sont tenus en grande estime et très respectés. L'élève qui donnerait pendant la leçon le moindre signe d'ennui ou d'inattention ferait scandale. C'est peut-être à cette éducation sévère, à ces principes rigides transmis de générations en générations, que les Japonais doivent cette égalité de caractère et cette courtoisie de manières qui les caractérise.

Cependant les enfants japonais ne vont pas seulement à l'école, ils vont au temple, où les prières qu'on leur fait réciter ressemblent beaucoup à de la poésie en action.

Une vieille femme est accroupie à la porte du sanctuaire, devant une cage renfermant quelques oiseaux qu'on vient de capturer. L'enfant donne une piécette, et il a droit en échange de rendre un des captifs à la liberté. C'est sous cette forme qu'il envoie son offrande aux puissances célestes.

Voici ce que nous apprend l'Anglais Lawrence Oliphant, sur leur éducation. Il cite d'abord ce passage d'un auteur du seizième siècle :

« Les Japonais châtient leurs enfants uniquement par des paroles, et les reprennent, à cinq ans, comme s'ils étaient des vieillards. »

Puis il ajoute : « A notre connaissance, ce système est en vigueur depuis trois siècles, et, d'après le témoignage universel, le résultat est des plus satisfaisant ».

L'Allemand Kæmpfer, le père jésuite français Charlevoix et le Hollandais Titsing, s'accordent à dire que l'affection, l'obéissance et le respect des enfants pour leurs parents n'ont pas de bornes. Les parents choisissent leurs enfants pour leur servir d'arbitres dans les querelles avec les étrangers, et se soumettent implicitement à leurs décisions. On voit aussi très souvent les parents abandonner leurs propriétés à leur fils aîné, lorsqu'il est arrivé à l'âge convenable, et se fier à lui pour leur subsistance, leur vie durant ; on dit qu'on n'a jamais vu un fils abuser de cette confiance.

On peut juger, par ces détails, des fruits qu'a dû produire une telle éducation ; il en est un précieux entre tous, je veux parler de l'esprit de tolérance. Les Japonais se distinguent, en effet, par une absence complète de fanatisme, et les lois de la bienséance leur font une obligation, non pas d'honorer les dieux du voisin à l'égal des leurs, mais au moins de les traiter poliment.

C'est à cela que les prédications de nos missionnaires, à quelque confession qu'ils appartiennent, doivent de s'être heurtées et de se heurter encore à une indifférence polie plus décourageante que le serait la persécution.

Au dix-septième siècle cependant, avec saint François Xavier le catholicisme réussit à s'implanter assez sérieusement au Japon. L'expérience ne dura pas longtemps ; mais, si pour s'en défaire le gouvernement d'alors eut recours au massacre en masse des nouveaux convertis, c'est qu'il avait vu sa sécurité menacée par eux : l'idée religieuse n'avait que fort peu de chose à voir en cette affaire ; la raison d'État était seulement en jeu et, pas plus en ce temps-là qu'aujourd'hui, le Japon qui compte environ soixante-dix mille temples, n'était en proie à cette fureur religieuse dont on a eu tant à souffrir ailleurs.

Je trouve dans mes notes la mention d'un fait qui s'est passé sous mes yeux et qui me paraît définir exactement l'état de l'esprit local en ces matières.

De pauvres pélerins traversaient Yokohama. Rencontrant sur leur chemin une chapelle catholique, ils jugent convenable d'y entrer, trempent leurs doigts dans le bénitier, font une courte génuflexion et se retirent, non sans avoir déposé l'offrande ordinaire — une piécette qui représente à peine la valeur d'un centième de sou — dans le confessionnal. Ce meuble leur avait rappelé, par certains côtés, les grandes caisses grillées servant de troncs à l'entrée de leurs propres temples.

Celui qui a dit que la tolérance était le dernier mot de la philosophie, aurait une haute opinion de ces paysans-là.

*
* *

Certaines analogies frappantes qui existent entre

le Japon et la Grèce antique[1] n'ont pas échappé à la perspicacité des observateurs consciencieux ; ces analogies dérivent d'abord de la configuration géographique des deux contrées ; on les retrouve dans ces traits communs d'héroïsme, d'honneur, de fidélité au devoir, dont leur histoire est remplie.

Mais il n'y a là que des analogies et non des emprunts.

Les Japonais ont puisé dans leur propre fonds ; leur mépris de l'argent leur est bien personnel, et bien personnel aussi l'usage qu'ils font, en purs dilettantes, de leurs poétiques superstitions locales.

Or ces 'gens-là étaient heureux et honnêtes quoique païens — anomalie singulière — il y avait là comme une sorte de propagande par le fait, en faveur d'idées qui semblaient faire le procès des nôtres ; cela tournait au scandale, il était temps d'y mettre fin.

Ce furent les Américains qui se chargèrent de la besogne en 1853. Sous couleur de traité de commerce et d'amitié, et sans tenir compte des réclamations impuissantes du Japon, le Yankee enfonça brutalement dans cet anachronisme le coin régénérateur de l'idée moderne, représentée hélas ! par la bande des

1. E. POTTIER. *Grèce et Japon* (*Gazette des Beaux-Arts*, 398ᵉ liv.).

aventuriers sans scrupules, des traitants avides et ra-
paces. Parmi eux se glissa le Chinois oblique, l'ennemi
séculaire, qui devint immédiatement l'intermédiaire
indispensable entre l'Européen et le Japonais, l'inten-
dant ou *comprador* dont aucune maison de commerce
étrangère ne peut se passer.

Ce fut le signal d'une révolution politique, qui se
termina en 1871 par l'anéantissement du système
féodal, représenté par le *Shôgun*, au profit du *Mikado*,
l'empereur actuel Mutsu-Hito qu'on appellera, dans
l'histoire, « le Louis XI du Japon ».

Toutefois ce résultat ne put s'obtenir sans faire un
peu alliance avec l'étranger, qui a profité de l'affaire
pour s'établir solidement dans la place.

Il se produisit alors un affreux débordement d'objets
importés des plus hétéroclites ; lourds parapluies de
coton, chapeaux mécaniques grotesques, lampes à
pétrole puantes, pacotille pour laquelle, il faut bien
le dire, il se trouve encore des acheteurs naïfs.

Que devinrent alors les gracieuses lanternes et les
gentilles ombrelles en papier, si savamment décorées
de dessins aux couleurs vives et harmonieuses, et
tous ces charmants objets dont l'énumération n'est
pas à tenter ?

On continua à en faire usage et on força la production pour nous en inonder. On peina plus que par le passé, la fortune publique n'y gagna rien, et l'on est bien près d'en être à cette lamentable division du travail qui exclut toute idée d'art sérieux.

Cependant il y a une telle sève, un sentiment artistique si profond dans ce peuple, que les objets qu'ils nous expédient, bien que très inférieurs aux produits anciens, restent toujours des modèles de grâce et de bon goût.

On a pu s'en rendre compte à nos différentes expositions, celles de 1867 et 1878 particulièrement. Quant à moi, je me souviens surtout de la sensation produite par les envois du Japon à l'Exposition de Philadelphie en 1876.

Les esprits délicats furent enthousiasmés par le charme de cet art raffiné, et les esprits simplement pratiques s'émurent des bénéfices réalisés par les exposants japonais; ils vendirent en effet tout ce qu'ils avaient apporté, même les objets servant à leur usage journalier.

Depuis cette époque, l'esthétique japonaise, dont l'influence s'était déjà imposée à l'Europe, a pris pleine possession des États-Unis.

On en trouve aujourd'hui la trace dans tout ce qui est du domaine de l'art décoratif : meubles, papiers peints, tentures, orfévrerie, sans parler de mille menus objets qu'on n'avait pas jusque-là songé à fabriquer de l'autre côté de l'Atlantique. [1]

On ne saurait trop le répéter, les merveilleux produits du Japon ont tous le dessin pour base invariable. Les artistes de cette bienheureuse contrée se sont fait une méthode spéciale d'étude et de travail, facile à expliquer, mais difficile à suivre pour quiconque n'est pas aussi bien doué qu'eux. Ils vont de l'analyse longue, patiente et sûre, à la synthèse, — et ne se tiennent pour satisfaits que le jour où, après des éliminations successives et raisonnées, ils ont réussi à trouver la *dominante*. Aussi ne dessinent-ils directement d'après nature que pour apprendre et pour se meubler la mémoire. Puis, quand ils créent, ils appliquent ce qu'ils savent, sans hésitation et sans *repentirs*. Alors, qu'ils dessinent ou qu'ils peignent, ils ne *copient* pas plus ce qu'ils exécutent, qu'on ne copie les lettres de l'alphabet en écrivant.

Mais ne leur parlez ni de moulages ni de photographies. Jamais ils ne consentiraient à chercher là leurs informations premières; c'est à la nature même, c'est à la nature seule qu'ils les demandent. En vain

1. *L'enseignement du dessin aux États-Unis.* (Delagrave, éditeur).

a-t-elle des aspects si fugitifs, des mouvements si fugaces que nous n'avions pu les saisir avant l'entrée en scène de la photographie instantanée; les Japonais, eux, avaient su dès longtemps les découvrir, les fixer et nous les rendre. Ce que nous taxions, dans leurs images, de fantaisie outrée, était tout simplement le résultat d'une prestigieuse habileté de *faire*, mise au service d'une observation naïve et passionnément clairvoyante, servie par une mémoire spécialement exercée.

Un maître dessinateur, Ingres, admirateur fervent des œuvres japonaises, avait coutume de dire à ses élèves : « Vous ne saurez rien tant que vous ne serez pas capables de dessiner, pendant sa chute, un homme tombant d'un toit. » Si j'affirmais que ce précepte est né dans une école de Yeddo ou de Miako, de quelle charmante couleur locale ne le trouverait-on pas imprégné?

Voici, d'autre part, ce qu'écrivait Viollet-le-Duc, un homme dont on ne songera sans doute pas à nier la haute compétence :

« Évidemment il faut que les Japonais aiment singulièrement la nature, pour l'observer avec tant de soin, et rendre avec tant d'exactitude ses moindres productions. Pour eux, rien n'est indifférent, et ils étudient aussi bien la forme et l'allure d'un insecte, le port et les détails d'un végétal, que le caractère physique de l'homme ; ce qui ne les empêche pas de ne voir, au besoin, que les ensembles, et de rendre en quelques touches de pinceau, car ils ne dessinent guère qu'avec des pinceaux, l'aspect d'un site.

« L'artiste saisit le caractère principal de chacun des aspects qu'il veut rendre et, sans s'attacher aux détails, il traduit cette impression dominante avec un sentiment d'une extrême délicatesse. Ainsi, comme la nature elle-même, il fait de la poésie sans le savoir. Voici tel site, par exemple, qui, à l'aide de quelques traits et de trois teintes, représente une vague se couronnant de mousse emportée par le vent ; au-dessus du dos de cette vague se découpent la silhouette d'arbres et le sommet du Fusi-Hama. Une nuée d'oisillons tourne sur un ciel gris. Le moyen d'exécution est des plus simples. Mais les lignes sont si heureusement observées et rendues, les formes de cette mousse déchirée par le vent sont si admirablement interprétées par suite d'une observation évidemment minutieuse, que ce croquis produit une profonde impression.

« On entend le choc des vagues, le crépitement des globules d'eau, le bruit du vent. En un mot, on assiste à la scène.

« Il a bien fallu que l'artiste qui l'a si puissamment rendue, bien qu'elle soit fugitive, éprouvât l'impression communiquée et qu'il distinguât, au milieu de cette mobilité des éléments qui composent le sujet choisi, le caractère principal, l'union accidentelle des lignes qui nous le dépeignent avec une si émouvante réalité. Cet artiste est un poète dans la véritable acception du mot, tout comme le rhapsode grec, qui, en deux ou trois vers, nous dépeint l'attitude silencieuse des vieillards Troyens devant Hélène passant fortuitement, pendant qu'absente ils l'accablent entre eux sous des propos amers, est un poète.

« Un auteur moderne aurait probablement préparé la mise en scène de cet épisode, en nous énumérant ces propos, en dépeignant le lieu, la toilette, le port d'Hélène apparaissant, et il est évidemment probable que, dans deux mille cinq cents ans, on aurait oublié la peine qu'il se serait donnée; tandis qu'il a suffi à ce rhapsode grec de quelques mots qui frappent juste, pour que cette scène si vraie demeurât à jamais fixée dans la mémoire des hommes, comme l'expression la plus vive de l'influence de la beauté sur les sentiments humains. » [1]

---

1. *Comment on devient dessinateur* (Hetzel, éditeur.

* *
*

La recherche de la simplicité dans la conception, dans le rendu surtout, est une des caractéristiques de l'art japonais. D'où ces croquis de paysages et d'animaux, dont la représentation s'obtient d'un seul trait ininterrompu. Or cet exercice est à la portée de chacun dans un pays où pendant toute la vie, de la plus tendre enfance à l'extrême vieillesse, on a constamment le pinceau à la main. La pratique, d'ailleurs, s'acquiert d'autant plus vite que le pinceau ne sert point seulement pour dessiner ou pour peindre, mais encore pour écrire. Aussi peut-on dire sans hyperbole qu'au Japon tout le monde dessine. C'est pourquoi, dans la mesure de ces notions acquises, utilisées au profit des goûts ou des besoins personnels, chacun,

à l'occasion, s'ingénie à faire œuvre d'art, sans préten-
tion et sans efforts; il serait facile de multiplier les
exemples. En voici quelques-uns.

Entrez chez ce grainetier. Votre choix fait, la mi-

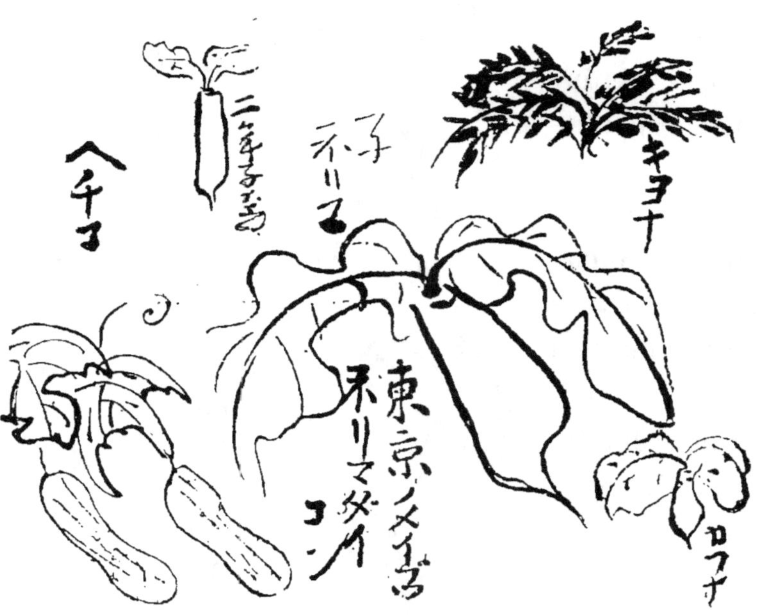

gnonne vendeuse, accroupie dans un coin de la boutique du maître, prend ses pinceaux et, sur le papier
du sac que vous attendez, indique en quelques traits
l'image de la plante dont il contient la graine.

Ailleurs, c'est une petite servante d'auberge qui
occupe sa belle humeur à croquer la silhouette d'une

belle dame, sous
les yeux du tou-
riste, stupéfait
et charmé tout
ensemble, de
trouver, dans un
hameau perdu,
tant de gentil-
lesse et d'esprit.

Voici mainte-
nant O Hana,
la jeune artiste
d'Euoshima. Son
travail est savant
et plus compli-
qué. Brins d'é-
toffes, de papier,
de métal et de
verre, cailloutis,
coquillages, dé-

chets de l'industrie et produits naturels : tels sont les
matériaux variés qu'elle met en œuvre. Elle les as-
semble, les incruste ou les colle sur une mince plan-

chette, qui reçoit en outre, quand il le faut, un léger
lavis d'encre de Chine ou quelque touche vive d'a-
quarelle.

Les objets obtenus par l'emploi d'éléments aussi
disparates sont généralement d'un mauvais goût

achevé. Ici ce n'est pas le cas. O Hana se joue de difficultés qui sembleraient insurmontables partout ailleurs qu'au Japon, et les sujets réels ou fantaisistes de ses compositions délicates sont traités avec un art exquis.

A ce genre de productions, on peut rattacher ces figurines — mousmés, insectes et oiseaux fabriqués avec une découpure d'étoffe, bourrée de ouate et dont les bords sont collés sur une carte. Les spécialistes de Kioto ont-ils fait école parmi nos marchands de confection? Sans doute, car c'est à l'aide de procédés identiques que la réclame parisienne établit ces bonshommes bourrés d'étoupe rebondis sur l'àplat des cartons, qui annoncent les nouveautés de la saison.

*
* *

La scène représente une place publique. Survient un homme qui, soigneusement, balaie une partie du sol. Puis, ouvrant des sacs pleins de sable de couleurs diverses, il en prend, dans chacun tour à tour, des poignées, les éparpille à terre ici, là, au hasard, semble-t-il... Et bientôt on voit apparaître à ses pieds quelque belle princesse aux habits chatoyants, quelque monstre aux écailles luisantes et multicolores ou quelque ingénieux rébus offrant, à la sagacité des passants arrêtés, ses figures polychromes.

Parmi les badauds qui l'entourent, remarquez celui-ci : un homme de la basse classe, fort succinctement vêtu ; sur la nudité de son dos, un magnifique tatouage, bleu, rouge et noir, représentant une princesse en grand costume. La pratique de ces tatouages, où l'on reconnaissait parfois l'œuvre d'un maître, est aujourd'hui interdite.

Voici l'*Ameya*, le marchand de gâteaux. C'est un modeleur... en gourmandise. Il prend un peu de pâte au bout d'un chalumeau, puis souffle, souffle... et les bambins voient naître, sous leurs yeux ébahis, des lapins, des renards, des singes et des fleurs, appétissants à s'en lécher les doigts.

J'aurais gardé l'*Ameya* pour la fin, si je n'avais à vous présenter un artiste culinaire plus complet encore. Celui-ci fut mon domestique pendant une excursion à petites journées dans l'intérieur. Il répondait au joli nom de Kejiro. On ne s'ennuyait pas avec lui, à la veillée, car il avait, le joyeux compère, mille tours dans son sac, pour se rendre agréable en société. Chanteur, danseur, virtuose en toutes sortes d'instruments, conteur d'histoires, il excellait en tout. Invincible au jeu de *Go* qui rappelle un peu notre jeu de Dames, à celui du Renard, du

Chasseur et du Fusil, — sorte de Mora, — et à vingt autres, rien ne l'embarrassait. Lui plaisait-il de faire votre portrait à l'encre de Chine? Il tourmentait les caractères servant à écrire votre nom jusqu'à ce qu'ils représentassent un corps sur lequel prestement, il campait le profil demandé.

Le *ténoguï*, étroit morceau d'étoffe de coton bleu ou blanc, orné de dessins également bleus ou blancs, dont nul Japonais ne saurait se passer, se transformait sous les doigts de Kejiro, en une innombrable quantité de coiffures plus baroques les unes que les autres.

Joignant au *ténoguï* quelques accessoires très simples, ustensiles de ménage, pipe, éventail, etc., il obtenait en plaçant son corps disloqué entre une lampe et la surface transparente d'un panneau de papier

blanc, les silhouettes les plus extravagantes : c'était
un poisson, un arbuste, un oiseau perché...

Il avait le génie de l'accoutrement.

Quant à sa science gastronomique, elle était universelle. C'est à peine si la cuisine européenne
avait gardé quelques secrets pour lui. Son triomphe
était de servir des omelettes carrées sur des plats
ronds.

Rappelons ici que les maîtres japonais ont écrit
de longs traités, minutieusement illustrés, sur : l'*Art*

de faire des bouquets qui sont d'ailleurs de purs chefs-d'œuvre. Cette étude constitue une des branches essentielles de l'éducation des jeunes filles.

*
* *

Dans tout ce qui sort des mains de l'artisan japonais, depuis le meuble le plus riche, jusqu'à l'article de ménage le plus humble, la matière employée est toujours parfaitement appropriée à sa destination. Et c'est peut-être parmi les ébénistes et les vanniers que l'inépuisable fantaisie, la débordante originalité de la race se fait le mieux sentir. Les uns ont produit ces cabinets laqués, incrustés de pierres rares et de métaux, dont les tiroirs fonctionnent avec une précision déconcertante; on doit aux autres ces frêles mosaïques en paille, teintes de couleurs vives, qui servent à la décoration des panneaux de bois; et ces tissus en lamelle de bambou, adhérant comme par miracle à la surface lisse et bombée des minuscules tasses de porcelaine, dont, si modique est le prix de revient, qu'on peut les vendre, même chez nous, pour quelques sous; et pourtant le génie de l'invention, le bon goût, l'étonnante dextérité, l'inaltérable patience : il a fallu tout cela pour créer cet humble objet d'art.

N'est-ce rien non plus que d'avoir trouvé ces stores flottants où alternent, le long des fils de soie ou de chanvre, de mignons cylindres de bambou avec des perles de verre multicolores qui scintillent si agréablement au soleil, bruissent doucement au souffle de la brise, et se réunissent pour former de mouvants dessins sur le fond jaune clair des brins de bambou ?

Toutes ces choses constituent une fête pour les yeux, une satisfaction pour l'esprit, qui a sur ce point une sorte de logique inconsciente; c'est un régal aussi pour le toucher.

Voici, à ce propos, un passage de la conférence que fit sur l'art Japonais, en 1869, à l'Union centrale, Ernest Chesneau, le regretté critique d'art.

« Ils ont poussé le dilettantisme de l'art au delà de ce qu'on saurait imaginer. Non seulement ils ont ménagé au sens de la vue les plus rares plaisirs, les satisfactions les plus exquises, en déployant toutes les ressources, tous les prestiges, toutes les magies de la couleur ; mais, allant plus loin encore, ils ont inventé ce que j'appellerai *l'esthétique du toucher*.

« Les formes des objets fabriqués par eux sont calculées avec raffinements pour éveiller et chatouiller toutes les délicatesses du tact. »

Le sculpteur japonais, dans ses œuvres minuscules, fournit la démonstration la plus vive de cet aperçu ingénieux.

Un édit du commencement du xviie siècle ordonna que chaque intérieur serait orné de la représentation sculptée d'une des nombreuses divinités que reconnaît le culte bouddhique.

Ce fut l'âge d'or des tailleurs d'images; on en fit en bois, en pierre et en métal; il existe encore de ces dernières, des spécimens d'énormes dimensions. Tel le fameux Daïboutz de Kamakura.

L'ivoire fut employé pour les mignonnes statuettes qu'on tenait enfermées dans ces curieux petits tabernacles en bois laqué, qui, en s'ouvrant à deux battants, ressemblent beaucoup à certains triptyques de notre Moyen-Âge.

L'idée religieuse fut donc très favorable au développement de la sculpture; cependant, elle ne puisa pas seulement là son inspiration.

Les portraits sculptés, bustes ou statuettes, sont rares; il en existe cependant en bois laqué, qui ne le

cèdent en rien aux plus beaux morceaux du commencement de la Renaissance. Mais où se complaît surtout
notre admiration, c'est devant l'incomparable beauté
de ces *Netzkés* — boutons de ceintures — taillés généralement dans l'ivoire, qui ont emprunté leurs
motifs aux divers règnes de la nature; pousser plus
loin l'originalité, l'intensité de l'expression gracieuse
ou comique, la maîtrise d'exécution est impossible.

Voici une description de deux *Netzkés* en ivoire,
due à la maîtresse plume de M. E. de Goncourt et qui
donne un sentiment exact de l'idéale perfection at-
teinte par l'artiste :

« L'ivoirier a donné au visage l'expression morale
de l'hébétement; d'un rien d'émail, coulé sous les
paupières, il a fait à ce vieillard, je ne sais comment,
le regard de la vieillesse avec sa buée?

« Il n'y a pas à dire, c'est de l'art — s'il n'était pas
japonais — que le public français trouverait de
l'ordre le plus élevé; et, chose curieuse, la draperie,
avec ses petits plis fripés, n'est pas sans analogie
avec les draperies italiennes d'albâtre du xive siècle. »

Et plus loin :

« Un singe — celui-ci est un chef-d'œuvre — fu-
rieux d'avoir mordu en vain dans un coquillage,
montre la petite colère animale de sa face dans

l'entre-bâillement de côté de sa gueule, dans l'effacement de son nez plissé, dans l'ouverture et la dilatation de ses yeux, en lesquels, tout en bas, la pupille n'est plus qu'un imperceptible point noir qui louche. Il n'est pas possible, dans une tête de deux centimètres, de rendre un dépit rageur de bête d'une manière plus expressive, plus saisissante, plus comique. Et ce n'est pas seulement la tête qui est une merveille, c'est le corps et les attaches des épaules, et les rondeurs du dos, et le frottement des reins sous la peau, et l'embryon solide de la queue; toute l'élasticité et la force du quadrumane traitées dans l'infiniment petit, de cette manière large, carrée, rudimentaire, avec laquelle Barrye établissait ses fauves sur leurs jarrets. Cet ivoire est signé : *Tada-Mouné.* » [1]

Il ne faudrait pas conclure de ce qui précède que le génie japonais ne s'est exercé que sur les infiniment petits; de superbes monuments existent pour prouver le contraire. Malheureusement les noms des architectes — bien moins favorisés sous ce rapport que les peintres — ne sont pas arrivés jusqu'à nous.

Le grand portique du temple de Hongandzi, occupé

1. *La maison d'un artiste.* Charpentier, éditeur.

par les bouddhistes de la secte *Sin-Siou* à Kioto, est certainement un des plus beaux spécimens de l'architecture locale.

Il est impossible de concevoir un ensemble plus somptueux — grâce à la variété et à la richesse des matériaux employés — et plus harmonieux aussi, en dépit du plus étonnant mélange de bois, de pierre, de métaux, d'émaux et de peinture qu'on puisse rêver.

La pierre sert de base à cette construction savamment charpentée; l'or et le bronze y sont prodigués; mais, dans cette profusion d'ornements, pas un qui ne soit à sa place; rien d'inutile, pas plus les revêtements de bronze des colonnes de granit, les clous d'or curieusement fouillés, les poutres saillantes, l'inextricable lacis des consoles supportant la puissante toiture, que les tuiles bizarrement ouvragées dont elle est recouverte.

Certes, il entre une quantité de bois énorme dans l'établissement de ce genre de toiture. Cependant on ne saurait en distraire un morceau sans nuire à l'aspect général, tant les moindres parties de cet assemblage savant et compliqué contribuent évidemment à la stabilité et à la belle ordonnance de l'ensemble. Ce n'est certes pas en présence de ce joyau colossal et si bien pondéré, qu'on se souviendra des accusations de mièvrerie et de grimace que des touristes, observateurs superficiels ou maussades, ont porté contre l'art japonais.

*
* *

On donne comme probable la création, en l'an 703, d'une académie impériale de peinture, avec quatre *swashi,* maîtres peintres, et soixante *swabu,* ou artistes inférieurs. Un siècle plus tard, cette institution était absorbée par la Tukumi-riò ou ministère de l'architecture, chargé de la décoration des palais impériaux.

Le nom le plus ancien dont il soit fait mention dans l'histoire de l'art au Japon est celui de Ishiraga, auquel on est bien près d'attribuer un portrait du prince Shôtoku daté de 463 de notre ère.

Après celui-ci, les Japonais citent avec éloges Kudara-no-Kawari, Fugiwara-no-Motosuno, Fugiwara-no-Nobuzano, Sòjò-Kakuyu qui, bien que n'appartenant pas à la cour, se complurent à y chercher les sujets de leurs œuvres.

Dans la première moitié du xiv° siècle paraissent Kao, Miôchô, Josetsu, Shiûbun et le prêtre bouddhiste Sesshiù dont la manière de faire, légère, contraste avec le style noble et un peu compassé des précédents qui appartiennent à l'école de Tosa.

Puis, Masanobu et son fils Monorobu, Fumiyoshi, Kano et les descendants de ces deux derniers exercent encore de nos jours la profession de leurs ancêtres.

Au XVIe siècle, Iwsa Matabei est encore cité. *Akiyoyé* est le nom donné à son style rendu populaire au siècle suivant par Hishigawa Moronobu, Tori Kiomitsu, Okuda, Masanobu et autres.

En dernier lieu, Utagawa crée un nouveau style qui prend le nom de Ukiyo.

Il est bon de dire que ces désignations de style portent plutôt sur la manière de faire, l'expression, l'accentuation donnée par le pinceau aux objets représentés par les artistes, que sur le choix des sujets.

Il se fait au Japon une consommation énorme d'images et d'albums illustrés, auxquels les plus fameux artistes n'ont pas dédaigné de collaborer, abordant tous les sujets possibles.

Un ouvrage contenant des illustrations assez grossières, daté de 1604, passe pour le premier échantillon du genre; c'est un roman ayant pour titre *Isimono-gatori*, dont l'auteur nous est inconnu.

Ce n'est qu'à la fin du XVIIe siècle et au commencement du xviiie que l'imagerie japonaise commença à se montrer digne de notre admiration.

Elle atteint la plus haute perfection au commencement du xixe siècle.

Parmi les artistes de cette époque qui signèrent les plus magnifiques planches en couleurs, on cite Tori-i-Kiyonaga, pour ses figures, Hiroshigué, pour ses paysages, et Kishi Dôko, plus connu sous le nom de Ganku.

Mais c'est Hokusaï qui semble résumer en lui toutes les qualités de ses prédécesseurs; son histoire mérite d'être retenue.

La voici contée par M. Gonse :

« Hokusaï est né en 1760 dans le Honjo, paisible quartier de Yeddo, plein de jardins et de fleurs, à l'est, de l'autre côté de la rivière de Soumido.

« Il prit différents noms pour fuir les importuns qui l'assaillirent dès que sa réputation commença à grandir, et il déménagea tous les mois.

« Le mot Hokusaï, qu'on prononce Hoksaï, en donnant à l'h un son guttural, signifie « génie du nord ».

« Hokusaï eut une fille qui l'aida avec talent dans ses travaux et épousa un des élèves de son père, Rokousen, qui était devenu son fils adoptif, et qui pourrait bien n'être autre que Hokkei lui-même, un des peintres les plus délicats et les plus élégants de l'école vulgaire, dont la vie est enveloppée de mystères.

« Hokusaï est mort le 13 avril 1849, à l'âge de quatre-vingt-dix ans. On l'a enterré au temple bouddhique de Saïkiodjé, à Yeddo.

« Il est resté pauvre toute sa vie ; son infatigable production ne l'a pas enrichi. Ses peintures se vendaient un prix médiocre ; il avait le tort d'appartenir à l'école réaliste, et de peindre la vie moderne.

« C'était un signe de peu de goût que d'accrocher un *kakemono* de Hokusaï dans son intérieur ; ses esquisses passèrent entre les mains de quelques artistes qui s'en servirent comme modèles, sans s'inquiéter d'en assurer la conservation. Ses œuvres de peinture proprement dites ont toujours été rares, comme celles de tous les maîtres de l'école vulgaire ; il dessinait et peignait surtout pour la gravure, sur de minces feuilles de papier destinées à être collées sur le bois, et par suite à être détruites par l'outil du graveur.

« Aujourd'hui, une peinture de Hokusaï est le merle blanc de la curiosité, aussi bien en Europe qu'au Japon ; Hokusaï a toujours été en se perfectionnant ; ses organes n'ont pas connu le déclin

« Voici une note bien curieuse écrite par lui-même et traduite littéralement :

« *Depuis l'âge de six ans, j'avais la manie de dessiner*
« *les formes des objets. Vers l'âge de cinquante ans, j'avais*
« *publié une infinité de dessins ; mais je suis mécontent*
« *de tout ce que j'ai produit avant l'âge de soixante-dix*
« *ans.*

« *C'est à l'âge de soixante-treize ans que j'ai compris*
« *à peu près la forme et la nature vraie des oiseaux, des*
« *poissons, des plantes, etc.*

« *Par conséquent, à l'âge de quatre-vingts ans j'aurai*
« *fait beaucoup de progrès ; à quatre-vingt-dix ans j'arri-*
« *verai au fond des choses ; à cent ans je serai décidément*
« *parvenu à un état supérieur, indéfinissable, et à l'âge*
« *de cent dix ans, soit un point, soit une ligne, tout sera*
« *vivant.*

« *Je demande à ceux qui vivront aussi longtemps que*
« *moi de voir si je tiens ma parole.*

« *Écrit à l'âge de soixante-quinze ans, par moi, autre-*
« *fois Hokusaï, aujourd'hui Gouakijo-Rôdjin, le vieil-*
« *lard fou de dessin.* »

« Hokusaï a été un des virtuoses du pinceau. Sa couleur comme son exécution sont d'une force, d'une splendeur, d'une résolution incomparables...

« Hokusaï, lorsqu'il dessine pour la gravure, sera concis, rapide, prime-sautier, souvent brutal ; lorsque, absorbé dans la contemplation de la nature, il peint pour lui-même, son exécution devient celle d'une fée.

« Il semble que son pinceau s'immatérialise, pour suivre dans une sorte de délectation voluptueuse les mouvements amoureux de la pensée.

« Alors Hokusaï a des ingénuités d'âme tendre, envolée au-dessus des bruits du monde ; il a des raffinements et des trouvailles qui ne viennent qu'à des imaginations éperdues de couleurs, de lumière et de vérité.

« Rien ne lui fut étranger dans la nature ; il dessinait avec une adresse égale, les temples, les palais, les maisons, les costumes, les paysages, les fleurs, les arbres, les oiseaux, les poissons, les insectes, les sujets plaisants ou graves, réels ou imaginaires, les scènes de genre ou de style ; il était vraiment universel. Mais ce qui attirait surtout Hokusaï, c'était l'animal humain.

« La qualité maîtresse qui justifiait son surnom de « vieillard fou du dessin », c'était l'expression de la vie dans toute la vigueur de la réalité, dans l'infinie variété de ses manifestations, le rendu du geste vrai.

surpris, deviné, la comédie de l'attitude et de la physionomie. Le geste, chez Hokusaï, est merveilleux d'accent, de synthèse et de personnalité. Toujours et partout la vie, telle pourrait être la devise de ce grandissime artiste; toujours et partout le souci du trait résumé et expressif, le sentiment du relief, le discernement admirable de ce qui doit émouvoir et charmer, une verve comique endiablée, inépuisable. C'est par ces côtés, qu'à mes yeux, il égale les plus forts d'entre les nôtres; c'est par là que son œuvre va si haut dans le domaine de l'esthétique japonaise, et en établit la formule définitive. »

*
* *

Parmi les modernes, il est un autre peintre, qui eut Hokusaï pour maître: c'est Kiosaï; il excella en tout, mais ce fut surtout un grand caricaturiste.

La hardiesse de ses dessins satiriques fit qu'il eut souvent maille à partir avec la justice impériale.

Il est mort récemment, ayant à peine dépassé la cinquantaine. Les nombreuses années qu'il passa en prison n'avaient altéré ni sa bonne humeur ni sa verve caustique.

Quand il était en liberté, il habitait de préférence

la banlieue de Tokio. C'est là que je le découvris, après bien des recherches, et j'ai gardé de ce brave homme, de sa petite famille, de son chat, de sa maisonnette cachée dans les fleurs, le plus aimable souvenir. Nous échangeâmes mille politesses ; je partageai mes couleurs avec lui ; il me donna l'un des masques qui faisait au mur de son atelier la plus belle grimace.

J'obtins qu'il me laissât faire son portrait ; il voulut bien faire le mien : c'est un croquis de verve étourdissante que je conserve précieusement, et j'avoue que sa courtoisie, la politesse de ses manières, qui, partout ailleurs qu'au Japon, auraient pu sembler excessives, ne m'ont paru justifier en aucune façon le nom qu'il s'était donné à lui-même et dont il signait parfois ses dessins : « *Le singe ivrogne et fou.* »

Il faut bien l'avouer, cependant, la tempérance n'était pas la vertu dominante de Kiosaï, cela ne l'a pas empêché de signer, d'un autre nom, des pages austères, empreintes du plus pur sentiment religieux, et j'ai sous les yeux une suite de compositions dues à son pinceau, qui sont des merveilles de goût et de délicatesse.

Elles sont imprimées en couleurs et de petite dimension. L'une représente un serpent qui vient de saisir un moineau. C'est fait avec un rien, et tout parle : l'œil voilé, le bec s'entr'ouvrant, le corps ramassé, palpitant sous la dent du reptile, les plumes qui s'envolent, arrachées... Et cela se passe, dans les herbes où, parmi les fleurettes roses, se glissent de minces araignées vertes ; et l'on ne sait ce qu'il faut le plus admirer : de la perfection du rendu, ou de l'émotion intense qui se dégage de ce petit drame.

La seconde scène, une comédie, cette fois : un moineau ébouriffé et suffoqué de surprise à la vue d'une taupe qui sort de terre sous ses pattes, sursaute, les ailes écartées, et fait la plus expressive et la plus comique des grimaces.

On nomme *Gaku* les peintures tendues et placées dans des cadres de bois laqués, et *Makimonos* celles qui se conservent roulées, longues de plusieurs mètres, et qu'on ne déroule que lorsqu'on désire les admirer ou les consulter. Les *Surimonos* sont des images extrêmement soignées, tirées en couleurs à très petit nombre, avec de minutieuses précautions, véritables épreuves d'artistes que leurs auteurs réservent pour les présents d'importance ou qu'ils distribuent

KIOSAI.

entre leurs amis et aux membres des sociétés de thé [1].

Beaucoup plus communs sont les *kakémonos*. Matériellement, on ne saurait les comparer mieux qu'à nos cartes de géographie déroulées, qu'on accroche au mur.

Ils sont montés sur soie et peints à l'aquarelle, généralement de dimensions moyennes ; j'en connais un, pourtant, immense et très remarquable, que possède un temple des environs de Kioto : il a douze mètres de haut et représente d'ailleurs un sujet souvent traité, *la Mort du Bouddha Sakia-Muni*. Suivant l'usage, on voit le saint homme couché sous des arbres ; sa mère descend du Ciel, soutenue par des légions d'anges ; il est entouré de ses disciples et de tous les animaux de la création, les uns et les autres profondément désolés. Dans le coin du tableau, on remarque un chat — et non sans surprise — car cet animal a toujours été systématiquement exclu de cette scène. On n'a jamais pu me donner la raison de cette exclusion traditionnelle, mais voici comment on explique l'exception ici constatée : l'artiste s'était tout d'abord conformé à l'usage. L'œuvre achevée, il

[1] Réunion d'amateurs où l'on procède au *Tcha-no-yu* (cérémonie du thé).

s'apprêtait à en faire remise aux bonzes qui la lui avaient commandée, quand tout à coup son chat, qu'il aimait beaucoup, lui sauta sur l'épaule et lui fit comprendre en son langage qu'il voudrait bien figurer dans le tableau. Le maître ne sut pas résister à cette supplication, et en trois coups de pinceau il fit ce que son favori lui demandait.

Citons encore un fait rapporté par M. Gonse :

« Deux *kakemonos* du peintre Tsunénobu, dont l'un représente un paon blanc faisant la roue, l'autre un paysage, furent suspendus au mur entre un dessin de Durer, une esquisse de Rubens et une admirable étude de Rembrandt. On fut frappé de la façon dont l'artiste japonais soutint cette redoutable comparaison. Malgré la différence des styles et des procédés, Tsunénobu tenait à côté de Rembrandt. »

Quel beau triomphe et quel argument en faveur des artistes japonais! Et n'y a-t-il pas de quoi scandaliser les bonnes gens qui englobent indistinctement, dans l'appellation dédaigneuse de « chinoiseries », tous les objets d'art de l'Extrême-Orient, qu'ils viennent de la Chine ou du Japon.

Ce sont ceux-là qui ne manquent pas de dire, avec l'accent de la conviction la mieux assurée, que les peintres japonais ignorent les lois de la perspective.

Est-il besoin d'ajouter ici que cette assertion, bien que très accréditée dans les salons, est absolument fausse.

L'exposition des maîtres japonais, pour qui les portes de l'École des Beaux-Arts se sont récemment ouvertes, aura-t-elle réussi à triompher de l'ignorance et du préjugé? Nous n'osons pas encore l'espérer; cette manifestation, si éclatante qu'elle soit, n'aura touché qu'une élite restreinte d'amateurs sachant déjà à quoi s'en tenir, et le grand public, qui a lu le Japon de Pierre Loti, n'en continuera pas moins, grâce aux récits du brillant écrivain, à prendre les jolies lanternes de là-bas pour des vessies, et quelles vessies?... les plus maussades qui se puissent voir.

L'observation d'escale a ses périls. On en pourra juger par trois citations : « *Ce pays si étrange où nous ne savons rien comprendre...* » Après un tel aveu d'incompétence, pourquoi s'étonnerait-on de trouver des assertions aussi radicalement erronées que celle-ci : « *Comme je comprends de plus en plus cette horreur du Japonais chez les Européens qui ont longtemps pratiqué en plein Japon...* » Et encore : « *Ici comme partout, les personnes sont à vendre aussi bien que les choses...* »

Le chantre préféré de la tendre Rarahu, de l'incan-

descente Fatou, de la « chère petite Turque de Stam-
boul » n'aurait-il pas trouvé en Mme *Chrysantème*, la
Japonaise de ses rêves? C'est, en vérité, la seule expli-
cation plausible de ce phénomène : un délicat, un
artiste, devenant soudain le détracteur du Japon.

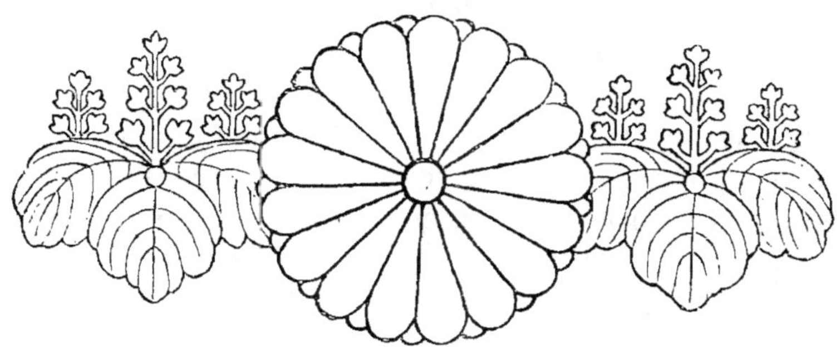

DÉCORATION DE LA MAISON EUROPÉENNE.

— Je ne comprends les japonaiseries que dans une vitrine de curiosités ou dans un musée, disait une jeune femme, Mme d'Arbois, dans une réunion nombreuse où l'on s'était mis à parler du Japon ; on ne me fera pas croire que ces bibelots, plus ou moins gracieux, plus ou moins baroques, puissent servir à l'ornementation de nos appartements.

— Je vais essayer de vous détromper, dit la maîtresse du logis, l'aimable comtesse de Mayrial. J'ai, sur les bords de l'Oise, dans un village adossé à la côte et admirablement situé, avec le plus bel horizon de collines et de verdure, un petit pigeonnier assez amusant, où je vais de temps en temps passer une quinzaine. Si vous consentez à venir y déjeuner, cette semaine, nous traiterons ensemble la question que vous soulevez et peut-être aurez-vous occasion de changer d'opinion.

— C'est entendu, reprit Mme d'Arbois, j'accepte votre invitation pour jeudi, si cela vous convient. »

Trois jours plus tard, les deux jeunes femmes, assises à l'ombre d'un immense parasol japonais, sur la terrasse de la villa Mayrial, admiraient le charmant panorama qui se déroulait à leurs pieds.

Descendant jusqu'à la route qu'il enjambe, le jardin est interrompu par le chemin de fer et s'étend jusqu'à la rivière, dont il n'est séparé que par une longue prairie, où paissent des troupeaux de bœufs. Le paysage est vaste, mouvementé et calme à la fois, reposant et plein de variété.

On vint annoncer le déjeuner; après les premières manifestations d'un appétit aiguisé par le voyage, les regards de Mme d'Arbois errèrent autour de la salle, assez bizarrement ornée pour attirer et retenir son attention.

Elle remarqua d'abord un panneau représentant des oiseaux voltigeant à travers des fleurs, motif bien simple, mais d'une extrême délicatesse de tons et d'une grande dextérité d'exécution.

Mme de Mayrial sourit :

— Vous voyez, dit-elle, que ce n'est déjà pas si mal, et que les *kakémonos* — c'est le nom qu'on donne à ces tableaux japonais — ne déparent nullement nos murs.

— En effet, répondit Mme d'Arbois, c'est très singulier, très inattendu; il y a dans cette décoration une simplicité qui attache et qui charme. Mais ici

La Bibliothèque (p. 60).   Lanterne (p. 58).

] IPPIO, le *Chéret* du Japon (p. 65).   Robe de théâtre (p. 63).

on ne peut s'arrêter longtemps à un objet, tant il y a de choses à regarder.

— N'est-ce pas amusant?

— Oui, certes. J'admire cette lanterne qui semble, par sa légèreté aérienne, frissonner au moindre souffle. Quel travail!... Quelle patience!...

— C'est une des occupations réservées aux femmes, dit la comtesse ; elles font en grande partie ces lanternes. Elles enfilent les perles jaunes et rouges, travail qui leur est payé au poids. Le montage se fait en atelier, ainsi que les glands, fabriqués avec des déchets de soie. »

Au-dessus de la cheminée, un immense éventail noir remplaçait d'une façon bien inattendue, la glace traditionnelle. Quelques petits porte-bouquets accrochés au mur, ainsi que des plats aux formes les plus diverses entouraient le sujet principal dans un capricieux désordre, augmenté par l'éparpillement d'oiseaux, d'insectes, de tout un monde de petits animaux découpés dans le crêpe, jetés çà et là.

En face de la cheminée, un léger dressoir à balustrades de bois ajouré portait des assiettes Imari, Kutani, Kanga, Fizen, qui servaient à la fois d'ornement et de service de table. Deux dressoirs semblables garnissaient les deux autres parois. Chacun d'eux s'encadrait de *kakémonos* d'un genre particulier; au lieu d'être en étoffe, ils étaient en bois mince comme du papier, et d'un ton très doux de paille claire.

Les intervalles étaient occupés par des plats, des assiettes, des éventails, des potiches, des écrans de couleurs variées accrochés pittoresquement et comme au hasard.

Au plafond, un parasol, dont la monture était enlevée, s'y appliquait exactement, dessinant l'immense couronne de ses fleurs étranges, de ses oiseaux aux ailes éployées, de ses insectes multicolores. Aux angles, des lanternes faisaient, par leurs couleurs chatoyantes, ressortir le fond noir du parasol central.

D'autres petits parasols s'éparpillaient dans les places restées libres, se pliaient dans les encoignures.

Sur les portes étaient tendus des panneaux en soie brodée; devant les fenêtres tombaient ces stores formés de petits brins de bambous enfilés, alternant avec des perles de couleur qui semblent des gouttes de lumière. Il avait pourtant fallu, pour l'ameublement, renoncer à l'exactitude absolue, car si le sol était couvert de nattes, comme dans les maisonnettes de l'Empire du Soleil Levant, les chaises et les tables, qui y sont inconnues, ne pouvaient avoir rien de japonais que le bambou dont ils étaient faits : néanmoins cela constituait un ensemble très exotique, d'un effet inattendu et très gai à l'œil.

— En vérité, chère madame, je dois convenir que cette décoration est ravissante, s'écria la visiteuse : mais cela tient à votre goût particulier; il serait peut-être difficile de varier cette disposition, qui convient parfaitement à une salle à manger; or, vous avez parlé de toute la maison pouvant être décorée de la même manière?

« — Tout à l'heure, je continuerai ma démonstration, » dit Mme de Mayrial.

Sur la table, les objets se succédaient avec une variété infinie de formes, d'appropriations bizarres, au grand divertissement de Mme d'Arbois : c'étaient, servant de saucière, ou contenant des hors-d'œuvre, de jolis petits bols bas et évasés, dont les formes ne rappelaient nullement celles de nos faïences européennes ; c'étaient ces assiettes, dont pas une ne ressemblait à l'autre, et dépourvues du bord plat ordinaire, ce qui les faisait ressembler à de jolies écuelles, et sur le linge, éclatant de blancheur, se heurtaient leurs nuances vives.

Au dessert, nouvelles fantaisies, entre autres le sucre en poudre, renfermé dans un de ces bols avec couvercle, en forme de soucoupe, dont la laque noire rehausse si bien la neige du riz japonais.

Le café fut servi sur la terrasse, dans de fines tasses en faïence de Rakdu, si estimée des connaisseurs par sa légèreté et la curieuse propriété qu'elle possède de conserver la chaleur.

On passa ensuite dans le cabinet de travail. C'était une pièce moyenne, très haute de plafond, plus profonde que large. On avait profité de ce manque de proportions pour construire une bibliothèque originale.

Au fond, à une hauteur de six ou sept marches, s'élevait une sorte de galerie dont la façade, finement charpentée, était divisée en quatre panneaux garnis de châssis, glissant les uns sur les autres dans des rainures. Une balustrade en bois, sobrement ajourée, courait le long du plancher. Chacune des baies était surmontée d'un petit panneau de bois clair, décoré de gracieuses compositions emblématiques tracées à l'encre de Chine.

On accédait à cette sorte de terrasse par un escalier rustique à rampe unie. Il n'y avait pas de portes, mais deux bandes d'étoffe de coton imprimé — deux *ténoguis* — flottaient entre les chambranles. Le sol de cette petite pièce était recouvert de nattes. Mme de Mayrial fit glisser les châssis et la pièce s'éclaira, laissant voir, sur ses trois faces, les rayons chargés de livres.

Des plateaux à quatre pieds, qui au Japon servent de table, étaient, les uns, chargés des ustensiles pour le thé, les autres, des menus objets dont se compose le couvert, très peu compliqué, des Japonais; dans les angles, des vases avec des bouquets étranges qui surprirent fort Mme d'Arbois, car jamais elle n'avait remarqué ces compositions florales qui la frappaient maintenant.

Le plafond était tendu d'étoffes brodées; du centre tombait un lanterne hexagonale en gaze de soie peinte.

— Je commence à être vaincue, dit Mme d'Arbois, en s'asseyant avec précaution sur le rebord plat du balcon; je vois qu'il y a en effet de grandes ressources dans ce mode de décoration; néanmoins, vous me permettrez de trouver que ça manque un peu de ce qu'au temps de nos grand' mères on appelait les commodités de la conversation... Pas de sièges, ne pouvoir que s'accroupir ou s'étendre, c'est dur pour des gens habitués aux fauteuils... »

Dans le cabinet de toilette, un superbe lavabo en marbre blanc montrait qu'on avait dû sacrifier la couleur locale au confort européen. Mais il était à moitié dissimulé par un paravent entr'ouvert, et les murs disparaissaient sous un tel fouillis d'écrans, d'éventails, de *kakémonos*, d'images coloriées, de parasols de toutes les dimensions et de toutes les formes, qu'on ne savait auquel voir. Là aussi, se montrait la plus curieuse collection de porte-bouquets : cornets de bronze ou de faïence affectant les formes les plus diverses, dragons menaçants, paniers de mille formes, poissons aux écailles étincelantes, d'où s'élançaient des fleurs, des branches, des herbes légères, arrangées pittoresquement.

Mais ce qui surprit le plus Mme d'Arbois, ce furent des branches de bois mort jetées çà et là, semblant compléter les peintures environnantes au point de faire supposer qu'elles avaient servi de modèle pour leur exécution.

Mme de Mayrial eut un sourire en constatant la surprise de son amie.

« Voici, dit-elle du japonisme appliqué ; vous voyez que ce style n'est pas celui qui invite aux grandes dépenses, puisque ce détail plein de grâce, un des plus jolis peut-être de cette décoration, nous est fourni par un pêcher mort dans notre jardin ; mais le beau n'est pas nécessairement coûteux, témoin cette branche; la mousse verte qui en recouvre certaines parties, les petits points rouges qui en émaillent d'autres, ne sont-ils pas exquis? Et voyez le caprice de forme de ces rameaux contournés, dont les Japonais ont tiré un si grand parti; tenez, vous les retrouverez dans les peintures de ces paravents.

— C'est très curieux. Pas à pas, je me sens gagnée, séduite... et toujours plus étonnée. »

En disant ces mots, Mme d'Arbois s'arrêta devant la cheminée.

Cachant en partie la glace, une robe s'étalait; elle était jaune avec de grandes fleurs rouges, garnie dans le bas d'un bourrelet épais, avec son *obi* (ceinture) à coques énormes, et ses grandes manches qui tiennent lieu de poches aux japonaises. Il y avait une grâce particulière dans la façon dont ce vêtement était drapé. La décoration du panneau était complétée par des éventails et des écrans qui faisaient comme un rayonnement chatoyant à l'étoffe éclatante de la robe.

Mme d'Arbois avait tiré de sa poche un petit album et prenait des notes, se défiant maintenant de sa mémoire.

Une portière cachait la partie du cabinet de toilette où se nichait la baignoire. Au-dessus des draperies, une frise en bois ajourée, d'un travail exquis, représentait des éventails enchevêtrés les uns dans les autres.

Le vestibule fut une nouvelle source d'étonnements et de gaîté, tant les motifs de décoration étaient variés et bizarres. Des affiches de théâtre aux couleurs vives en faisaient les frais; ici, on voyait un grand guerrier renversant d'autres guerriers plus petits, à coups de hallebarde; un áutre, armé d'un glaive, faisant voler les têtes. Ailleurs, un monstre effroyable chassait devant lui une foule de gens, que l'effroi précipitait du haut d'un rocher en groupes désespérés et tumultueux. Puis c'était la tête énorme du Chat de la Montagne — un de ces monstres légendaires du Japon — apparaissant à la lisière d'une sombre forêt...

En opposition avec ces violences, on retrouvait dans une scène d'intérieur toute la jovialité japonaise: c'était la représentation d'un jeu de société consistant à aller prendre un objet placé au delà d'un nœud coulant. Y passer la main, saisir l'objet et la retirer sans laisser le temps aux compères tenant l'extrémité de la corde de resserrer le nœud, n'est pas chose facile; le tableau montrait le joueur pris au piège, et les rires inextinguibles, les contorsions de joie des spectateurs.

« Ces images, observait Mme de Mayrial, me rappellent un trait d'honnêteté assez caractéristique : Lors de mon départ du Japon, j'eus envie de posséder quelques-unes de ces grandes affiches de théâtre qui m'avaient frappée par leur caractère; après bien des recherches, je finis par découvrir l'adresse de Ippio, l'ingénieux artiste qui en était l'auteur. J'allai chez lui, et le trouvai en famille, entouré d'une nuée d'enfants, tous plus drôles les uns que les autres; aux plus grands il apprenait à écrire, tandis que les petits se roulaient sur la natte avec *Nekko San* — monsieur

le chat — dans les attitudes les plus divertissantes.
Je lui exposai ma requête, et lui fis la commande
de deux affiches, en lui laissant le choix du sujet,
spécifiant seulement que l'un devrait représenter la
scène la plus gaie qu'il pourrait imaginer et que le
sujet de l'autre, au contraire, devrait être aussi terrible que possible. Je lui remis en m'en allant la
somme qu'il avait fixée pour son travail et lui laissai
mon adresse à Paris. Au retour, après de longues
pérégrinations à travers la Chine, les Indes et l'Égypte,
je trouvai chez moi ces deux charmantes peintures
qui m'avaient précédée, et je fus touchée de cette exactitude et de cette loyauté de la part de cet homme qui
était bien certain de ne plus me revoir et dont le nom,
Ippio, mérite d'être conservé.

Les parois de l'escalier disparaissaient en bas sous
des nattes rouges et blanches, en haut sous une série
de panneaux représentant des grues dans diverses
attitudes, prenant leur vol dans le ciel, ou arrêtées
au bord d'un ruisseau parmi les fleurs, ou songeuses,
perchées sur une patte, ou encore en boule, auprès
d'un pin bourru ; et partout cette diversité d'invention
dans la même chose, cette finesse de tons si rare et si
distinguée, ce dessin impeccable dans son apparent
laisser-aller, qui est le propre de la peinture japonaise.
Le salon étonna moins la visiteuse ; elle avait déjà
vu ces grandes potiches, ces cabinets en laque, pleins
de délicats objets en ivoire, en bronze ciselé ou en
fine porcelaine : figurines, netzkés, gardes de sa-

bres, etc. Pourtant, dans les embrasures des fenêtres, de jolis bancs très bas en fine laque d'or attirèrent son attention, et Mme de Mayrial lui expliqua combien sont gracieuses les petites *mousmés*, lorsque, accroupies sur les épais *tatamis*, elles appuient leur coude, perdu dans les manches immenses, sur ces petits bancs semblables à des meubles de bébés.

Les soieries somptueuses qui encadraient les fenêtres et qu'on retrouvait sur les sièges et sur le piano, complétaient l'aspect d'ensemble et en fixaient le caractère. Cependant on avait dû, ici plus-qu'ailleurs, sacrifier aux nécessités de la vie européenne. En effet, pouvait-on se passer de tables, de fauteuils, de canapés, etc., de tout ce mobilier totalement ignoré au Japon ?

Il y avait là un obstacle insurmontable pour le commun des mortels. On aurait pu emprunter à la Chine ses lourds guéridons, ses sièges carrés et pesants plaqués de marbre dont se contentent, en pareil cas, les amateurs ignorants et peu exigeants, ou, poussant plus loin le scrupule, et en y mettant le prix, obtenir d'un fabricant à la mode des meubles affreusement bâtards, où le faux bambou se serait marié aux clochettes de cuivre doré, et n'auraient eu avec le style japonais que des rapports très lointains.

En dehors de ces deux solutions, rien ne s'était vu encore.

Mme de Mayrial en avait une troisième à sa disposition.

Elle n'ignorait pas que le style Louis XV, si élégant et si pimpant, si français, pour tout dire en un mot, doit beaucoup à l'art japonais, non pas qu'il lui ait rien emprunté servilement ni qu'il l'ait copié, mais sa verve fantaisiste s'est aidée de son exemple pour secouer le joug des règles compassées du style précédent, et c'est ainsi qu'aux deux extrémités du monde le même air a été chanté au même moment par des artistes ayant chacun leur manière absolument personnelle.

Accord parfait entre les courbes harmonieuses de cette console enguirlandée et le galbe de cet antique siège laqué provenant d'un temple bouddhiste, unique en son genre, et entre le décor capricieux du clavecin ventru et les broderies de l'*Obi* (large ceinture que portent les Japonaises) qui le drape, entre ces appliques aux rocailles dorées et ces vases de bronze où l'artiste a su assouplir le métal aux fantaisies de son imagination folle...

Mme de Pompadour, la délicieuse artiste, raffolait des bibelots japonais ; cela explique bien des choses

Mais si les meubles étaient moins japonais que le reste, les murs, en revanche, se retrouvaient dans la couleur locale. Chaque panneau représentait, peinte à l'aquarelle, en camaïeu sur le simple fond de soie claire, une scène ou un paysage. Ici une mignonne *mousmé* écartait curieusement les *ténoguis* fermant l'entrée de sa maison et saluait le jardin de son regard naïf et rieur. Là, une lanterne de pierre entourée de fleurs et de bambous se réfléchissait dans les eaux d'un lac. Plus loin, le *Fusi-Yama* s'élevait fièrement, dominant de sa masse imposante, estompée par les nuées, un site charmant plus rapproché, où les cerisiers en fleurs jetaient leur note rose et fraîche.

— Et quel est l'artiste qui a peint tout cela, s'écria Mme d'Arbois ?

— Votre humble servante, chère madame, fit Mme de Mayrial, en saluant malicieusement.

— Vous, comtesse, vous êtes peintre ?...

— Oh si peu ! J'ai appris comme nous toutes à peindre en pension des éventails et des assiettes ; depuis, le vernis Martin n'a plus eu de secrets pour moi ; ensuite, après un essai malheureux de pastel et de miniature, j'ai barbouillé quelques toiles, sans grand succès, jusqu'au jour où je me suis attelée à la décoration de cette maison.

« Voulant obtenir ce que vous voyez là, je fis demander à un artiste, qui connaît le Japon sur le bout du doigt et en a fait sa spécialité, de bien vouloir exécuter les panneaux de ce salon. Au lieu de cela, il voulut que je les fisse moi-même ; il me dirigea, me fournit les documents et les croquis, et, grâce à lui, je suis parvenue à ce résultat, et je dois ajouter que je me suis prodigieusement amusée à ce travail.

— Je vous envie.

— Vous êtes aussi artiste que moi, et quand vous voudrez, vous pourrez en faire autant, je vous le certifie. Mon professeur ne vous refusera pas son concours et le mien vous est acquis.

— Je retiens cette bonne parole, répliqua Mme d'Arbois. »

La longue visite touchait à sa fin ; Mme de Mayrial avait complètement réussi dans son entreprise ; elle avait révélé à son amie les beautés du Japon et de son art, mais elle voulait aller au delà et lui faire admirer les mœurs et l'ingénieuse activité de ses habitants. La tâche était moins facile, et ce n'était qu'en captivant la curiosité de la jeune femme qu'elle pouvait y arriver.

« Vous voyez, dit-elle, qu'avec ces éléments on trouve matière à la plus riche comme à la plus simple des décorations ; vous pouvez égayer toute une maison pour une somme insignifiante, comme vous pouvez dépenser des sommes énormes dans une seule pièce, si, au lieu de ces bibelots sans valeur mais toujours de bon goût, vous employez des tissus brodés, si vous voulez des faïences ou des bronzes anciens, si vous choisissez des *kakémonos* ou des *surimonos* signés de noms célèbres. Chère ou bon marché, cette décoration sera toujours originale et jamais vulgaire.

— Mais, observa Mme d'Arbois, pour arriver à ce bon marché extraordinaire, étant donné le long voyage que font ces marchandises, les ouvriers et les artistes japonais doivent gagner bien peu de chose.

— C'est vrai ; mais, dans cet heureux pays, les besoins sont très restreints, la vie est peu coûteuse, et surtout, il faut bien le dire, quelque invraisemblable que cela puisse paraître, l'amour de l'art, né de la perpétuelle contemplation de la nature — dont sont pénétrés artistes et artisans et jusques aux plus humbles — est tel, qu'ils éprouvent à faire de jolies choses une jouissance qui suffit pour leur faire négliger le côté mercantile de l'existence.

— Afin de compléter mon éducation, reprit l'insatiable néophyte, il faudrait que je pusse visiter un vrai jardin japonais.

— Je vois que la passion naît en vous. Malheureusement je ne puis satisfaire ce juste désir. Le terrain ne se prêtait pas, ici, à la création d'un jardin japonais. Mais un de mes amis possède, non loin de Paris, un nid charmant dont il sera heureux de vous faire les honneurs. Cela se nomme *Midori no sato*, c'est-à-dire : la colline de la fraîche verdure.

— Le nom est délicieux et invite les incrédules à venir se convaincre.

— L'endroit est plus délicieux encore. Mon ami a fait construire là, tout près de sa villa, une maison japonaise complète, exacte jusque dans ses moindres détails, au milieu d'un parc, qui est le modèle du genre. Si cette promenade vous tente, je vais lui écrire, et nous irons ensemble.

— Mille fois merci; j'accepte de nouveau ce que vous offrez de si bonne grâce.

— En attendant, vous viendrez me voir et nous feuilleterons des albums intéressants qui me permettront, en m'aidant de mes souvenirs et de quelques croquis pris en voyage, de vous expliquer à peu près tout ce que vous désirez apprendre. »

Quelques jours après, les deux dames se réunirent

pour la conférence intime qu'elles avaient projetée.

Elles s'installèrent dans la bibliothèque; la comtesse empila sur la table, une foule d'albums minces et souples, couverts de dessins légers et de signes incompréhensibles.

Mme d'Arbois en prit un et le parcourut comme si c'eût été un livre européen; son amie l'arrêta :

« Vous commencez par la fin, dit-elle; voyez cette bande étroite de papier, couverte de caractères; c'est le titre de l'ouvrage, lisez de haut en bas, et non de gauche à droite, et commencez votre livre par ce qui serait la dernière page chez nous.

— Merci. A présent, si je ne sais pas lire le japonais, du moins je sais comment on doit le lire. C'est toujours un commencement de science!

— Maintenant, continua Mme de Mayrial, je commence ma conférence. Nous allons entrer dans le cœur même de notre sujet, et voir à l'œuvre ces ouvriers-artistes et ces artistes-ouvriers, pour qui n'existent pas ces vaines appellations d' « art pur » et d' « art industriel ».

C'est ainsi que la plus humble chose aura son élégance, puisqu'elle sortira des mains d'un ouvrier ayant en lui l'étoffe d'un artiste, et que l'artiste, pour arriver lui seul à la réalisation de son rêve, ne reculera pas devant le travail manuel le plus fastidieux, non plus qu'il hésitera à lui donner la forme d'un objet vulgaire, si tel est son bon plaisir.

PRODUITS NATURELS ET PROCÉDÉS DE FABRICATION.

LA PIERRE [1].

La pierre est assez abondante au Japon, mais on s'en sert peu pour les constructions. Le *tori-i* et le *toro*, l'un portique et l'autre lanterne, sont deux des rares objets que les Japonais exécutent en pierre ; le premier est un motif de décoration qu'on place aux

1. La plupart des renseignements concernant les industries, les procédés de fabrication, les produits naturels, etc.. consignés dans les pages qui vont suivre, ont été puisés aux sources officielles ; les rapports publiés par le gouvernement japonais, à la suite des dernières expositions universelles d'Europe et d'Amérique, ont été plus particulièrement mis à contribution.

5

abords des temples; il en est de même du second qui s'emploie cependant ailleurs, dans les jardins et le long des routes.

Le *tori-i* se compose de quatre pièces principales simplement assemblées : deux colonnes cylindriques, très légèrement inclinées l'une vers l'autre, supportent une bande de pierre, disposée horizontalement, sans moulures ni sculptures d'aucune sorte, mais légèrement relevée aux deux extrémités; l'autre, toute droite, est placée au-dessous, enclavée dans les colonnes, elle se rattache à la bande supérieure par un trait vertical divisant l'espace vide en deux parties égales.

Il y a des *tori-i* en bois brut et laqué, il en existe même en métal.

Le *toro* a toujours un peu l'air d'une pagode en miniature. L'ornementation, souvent très recherchée, de ces espèces de lanternes qui existent plutôt pour l'apparat que pour l'utilité, est aussi très variée. Cependant elles comportent toujours un socle, un fût et l'habitacle du luminaire, avec son toit capricieusement contourné.

Elles ont une apparence massive qui ne se retrouve pas dans celles qui sont faites en bronze.

Les pierres les plus employées sont :

1° Le granit, dont on fait les statues représentant les dieux, les colonnes et les portiques de temples, les assises des ponts, les chaussées, etc.

2° La pierre calcaire, dont la première qualité, le

marbre, est employée pour les tombeaux, les monuments, les grandes lanternes de temples et de parcs. Les qualités inférieures sont utilisées pour faire la chaux.

3° L'argilite, pierre réfractaire, qui sert

Maçons.

à la construction des routes, et dont on fait des auges, des meules, et qui entre dans la composition de la porcelaine.

4° Les chlorites schisteux, bleus, verts, gris cendré, servent à la construction des ponts, au dallage, au pavage, et — les plus beaux — à l'ornementation des jardins.

5° Les grès, très variés et très beaux, sont souvent choisis par les sculpteurs ; ils servent à de nombreux usages, entre autres comme pierres à aiguiser.

6° L'ardoise, de couleur noire ou brunâtre, souvent tachée de rouge ou de bleu, sert aux mêmes usages que chez nous.

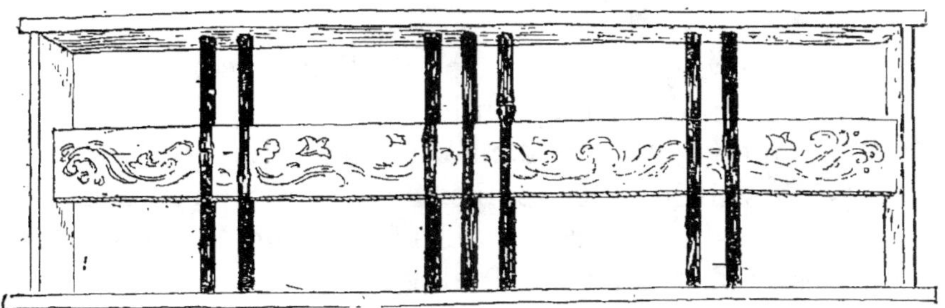

LE BOIS.

Charpentiers. — Menuisiers. — Ébénistes
Tonneliers. — Sabotiers, etc.

Le Japon est un pays où abondent les bois d'essences diverses, et ce n'est pas un des traits les moins touchants du caractère de ses habitants que le soin qu'ils ont pris de ménager leurs ressources forestières, non pas en avares, âpres au gain, mais bien plutôt en fins appréciateurs, mus par un sentiment délicat de respect attendri pour tout ce qui concourt à la beauté du paysage au milieu duquel ils vivent et qu'ils savent si bien apprécier.

En première ligne il faut placer le clair bambou, d'un port si gracieux qu'il aurait pu se dispenser d'être utile. Son feuillage frissonnant, rappelle le saule; comme lui, il se plaît dans les endroits humides; et comme lui, en masse et vu à distance, il manque un peu de ce que les artistes appellent le caractère : c'est donc un décor de premier plan.

Lorsqu'on se trouve dans une de ces forêts consacrées où s'abritent les tombes des prêtres, on ressent une impression saisissante. Les fûts élancés, lisses et annelés des bambous, qui atteignent des hauteurs extraordinaires, le bruissement du feuillage, semblable à un murmure de soie froissée, la fraîcheur exquise qui règne sous ces profonds ombrages, qu'on dirait hantés par de bienveillants esprits, tout contribue à inspirer un recueillement délicieux, inoubliable.

Que serait le Japon sans le bambou ? A quoi n'est-il pas utile ?

Sous le nom de *takenoki*, les jeunes pousses servent d'aliment.

La vannerie, les parapluies, les éventails, les lanternes, les chapeaux sont tributaires des jeunes bambous.

Les jardinières de formes infiniment variées, les boîtes de toutes sortes, certains plateaux, les *kago*, chaises à porteurs où s'asseyent les gracieuses *mousmés*, maints détails dans la construction, les appareils d'irrigation et de canalisation, les ponts volants, des machines hydrauliques, etc., etc., sont faits avec le gros bambou.

Après le bambou vient la superbe et nombreuse famille des conifères, qui donne au paysage Japonais un caractère si particulier : c'est la multitude des pins dont la silhouette tourmentée frange d'une dentelle capricieuse la crête des collines; c'est le *Matsu* (Cryptomeria japonica) dont le cœur est rougeâtre, le grain serré, très résineux.

Le *Tsuga* (Abies tsuga), sapin au grain très serré, très dur : le *Momi* (Abies firma), autre sapin que sa croissance rapide rend très précieux. Ces bois fournissent des matériaux à l'ébénisterie, à l'architecture, aux constructions navales etc.

Les chênes, beaucoup moins répandus, servent à fabriquer des meubles, des roues, des manches d'outils. Les espèces suivantes sont, pour la plupart, inconnues partout ailleurs qu'au Japon :

Le *Kusonoki* (Cinnamomum Camphora) dont le bois très compact et très dur ne s'altère pas au contact de l'eau. Sa beauté le fait souvent employer pour l'ornementation des appartements

Le *Hari-giri* (Kalopanax ricinifolia) dont le bois dur, à grain grossier, s'emploie quelquefois pour la menuiserie, etc.

Les ébénistes, outre les bois précédents, choisissent de préférence les suivants :

Le *Sawara* (Chamæcyparis pisifera), le *Hiba* (Thuyapsio dolabrata), le *Nedzuko* (Thuya gigantea), très foncé, le *Tsubiakudan* (Thuya gigantea), le *Benibiakutan* (Juniperus japonica), de couleur rouge, au grain très serré, le *Kaya* (Torreya nucifera), très blanc, l'*Inugaya* (Cephalotaxus drupacea), moins beau que le précédent, le *Nagi* (Podocarpus nageia), le *Tohi* (Picea Alcokiana), qui s'emploie aussi beaucoup en architecture, fendu en petites lattes, il sert pour les toitures, le *Sirabe* (Abies Veitchi), le *Icho* (Ginkgo biloba), le *Midzume* (Betula ulmizolia), le *Shirabaka* (Betula alba), veiné de noir, qui se travaille au tour; enfin et surtout le *Chanchin* (Cedrela sinensis). très beau bois rouge, et le *Kurumi* (Juglans mandshurica). dont le bois, très beau, sert à l'ornementation des maisons et à la fabrication des meubles de prix, etc.

La menuiserie peut encore choisir entre les variétés suivantes :

Le *Take* (Bambou), le *Nanten* (Nandina domestica), le *Sendan* (Melia Azedarach), le *Tubaki* (Camellia japonica), le *Sansyo* (Zanthoxylon piperitum), le *Kiri* (Paulownia imperialis), au bois léger et très tendre, l'*Awogiri* (Sterculia platanifolia), le *Honoki* (Magnolia hypoleuca), au grain très serré et très tendre, on en fait aussi du charbon de bois avec lequel on polit la laque et les métaux; l'*Akiniski*, le *Enoki* (Chamæcyparis obtusa), le *Kuwa* (mûrier) au bois très beau, dur et brillant; le *Kuri* (châtaignier) le *Sawa Gurumi* (Pterocarya rhoifolia), dont l'écorce connue sous le nom de *Jukohi*, est employée pour faire des petits objets renommés de Nikko, le *Maki* (Podocarpus macrophylla), etc. Et combien d'autres dont on sait tirer un parti excellent :

Le *Minebari* (Betula corylifolia) sert à faire les navettes des tisserands et des cannes; le *Hannoki* (Alnus japonica) sert à faire du charbon de bois, son écorce s'utilise pour la teinture; le *Yama narashi* (Populus Tremula) sert pour la fabrication des baguettes à manger, des brosses à dents, des cachets, etc.

Le *Tsuge* (Buxus japonica), au bois excessivement dur et jaune, sert à faire des peignes, des planches d'impression et des dents artificielles; le *Mochi noki* (Ilex integra) donne de la glu. L'*Urushi* (Rhus vernicifera), d'où l'on tire le précieux vernis avec lequel se fabrique la laque, sert encore à faire de la marqueterie, des navettes, des flotteurs de pêche; ses fruits donnent de la cire. Cet arbre est considéré au Japon comme très précieux.

Le *Kaki* (Diospyros Kaki) donne un bois dur, au grain serré; le cœur, nommé *kurogaki*, acquiert en vieillissant une teinte foncée, que l'on peut obtenir artificiellement en laissant l'arbre enfoui dans une terre ferrugineuse. Il sert à faire des objets de prix. Ses fruits sont très estimés; leur jus donne le *shibu*, sorte d'enduit très précieux servant à la conservation des matériaux. Le *Biwa* (Photinia japonica), dont le bois est très solide et le grain serré, est réservé pour les instruments de musique. Ses fruits sont excellents.

Le *Mokukoku* (Ternstrœmia japonica) sert à faire

des peignes et de menus objets ; le *Kamboku* (Viburnum Opulus) donne des cure-dents ; l'*Isu* (Distylium racemosum), dont le bois rouge-brun sert aux mêmes usages que les précédents, est indispensable à la composition des glaçures de porcelaine.

Le *Hinoki* (Chamæcyparis pisifera) dégage une odeur agréable, bois sans défaut et d'un grain très serré, les sculpteurs l'emploient de préférence à tout autre, il sert aussi pour la construction des maisons· On l'appelle « bois soleil » ou « bois de feu », parce qu'avant l'invention des briquets on s'en servait pour obtenir du feu par le frottement.

C'est dans ce bois qu'on a sculpté les statues des dieux, des guerriers, des génies, des gardiens de temple, et aussi ces portes de temple, merveilleusement fouillées, et qui témoignent d'une extraordinaire patience, mise au service d'un art consommé.

Mentionnons, en passant, la porte extérieure du temple de Katassé, à deux vantaux, contenant chacun trois panneaux sculptés en dehors et en dedans, ajourés de telle sorte que les mêmes ouvertures se prêtent aux exigences de formes de deux compositions très différentes.

D'autres temples, ceux consacrés au culte Shintoïstes, n'admettent que des bois bruts sans décors ni vernis.

*
* *

Les outils du sculpteur japonais sont le ciseau, le

Sculpteur sur bois.

marteau, le maillet; détail à noter : il ne travaille

jamais debout, mais assis ou accroupi sur un tréteau
plus ou moins élevé.

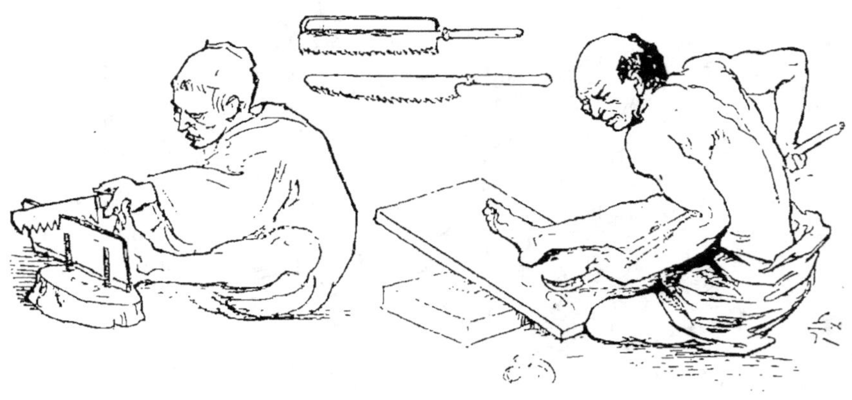

Menuisiers et charpentiers ont des outils à peu
près semblables, sauf la dimension, moindre pour

les derniers. Un rapide coup d'œil nous les fera connaître.

En voici un, fort ingénieux (p. 84), qui sert à tracer les lignes : une cordelette est fixée à une bobine, d'où elle se déroule en passant au travers d'un réservoir à éponge imbibée d'encre de Chine. Cette cordelette se termine par un clou qui se plante dans la pièce de bois à marquer, de sorte qu'un seul homme suffit à la manœuvrer.

Les clous sont en fer, non à têtes plates comme les nôtres, mais fendus en deux lames plates que l'on recourbe pour former anneau.

La scie du charpentier ne ressemble pas non plus à la nôtre; elle est tenue à deux mains, avec la pointe des dents tournée du côté du manche.

De même ils remplacent notre hachette par un outil en forme de houe; il faut une adresse consommée pour en faire usage, à leur manière, sans se blesser.

Leurs ciseaux ne sont pas emmanchés droits; leur rabot est très plat. Ils font usage de ces outils en les ramenant vers eux, et, comme ils travaillent sans établis, accroupis sur le sol, ils taillent, scient, rabotent, en s'aidant de leurs pieds, qui leur servent à maintenir le bois.

C'est parmi les charpentiers que se recrute le corps des pompiers.

Voici un ouvrier qui divise du bois en feuilles minces, soit pour en faire du placage, soit pour fabriquer des objets devant être laqués. Il est accroupi, il tient sa lame avec son pied et l'appuie à son front,

Menuisier.

de façon à avoir ses deux mains libres pour diriger l'opération.

Celui-ci perce un trou dans une planche, en faisant rouler rapidement une gouge entre ses mains ; cet autre emploie un outil, semblable à une faucille dont le tranchant serait extérieur ; ce même outil sert au tonnelier ; et toujours le pied arrive, comme une autre main,

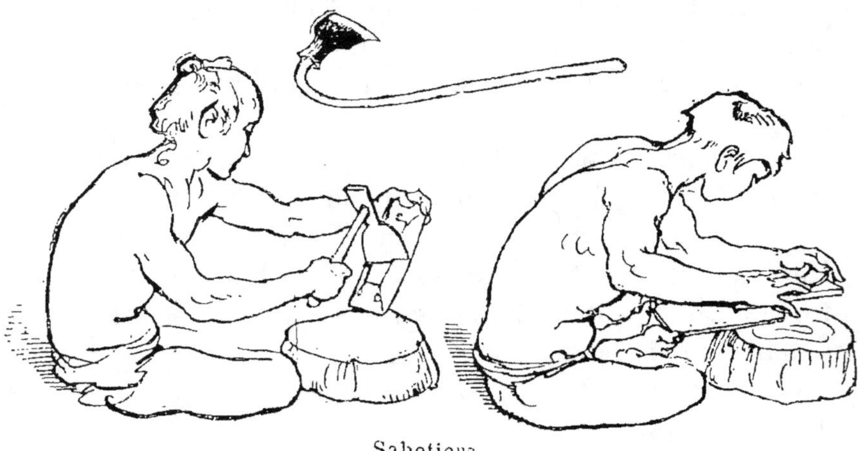

Sabotiers.

pour faciliter le travail et suppléer à l'insuffisance de l'installation.

Ingénieux en tout, ils ont imaginé un curieux moyen de faire porter par un seul homme quatre poutres sans trop de fatigue et d'efforts. L'une sert de support aux autres et s'appuie sur son épaule; une corde enserre l'extrémité la plus mince des trois poutres et vient s'attacher à celle qui sert de soutien, de façon à tenir le tout en parfait équilibre.

C'est en bois de *Paulownia* que l'on fait les *guetas*, ces sabots

bizarres, si élevés que l'on se demande comment on peut avec de pareilles chaussures, marcher sans tomber. Elles sont toujours laissées à la porte intérieure de l'habitation, car on ne marche sur les nattes (*tatamis*) que chaussé d'une sorte de bas en étoffe, séparant le gros orteil à la manière d'un gant, afin de lui permettre de saisir l'espèce de courroie qui retient au pied la sandale de paille ou la *guéta*.

Le sabotier a recours à ses pieds pour maintenir la pièce de bois qu'il façonne ; parfois, cependant, il est à cheval sur une sorte de tréteau.

Ses outils sont analogues à ceux du menuisier et du charpentier; il les manie de la même façon.

Il y aurait beaucoup à dire encore sur une foule d'objets d'usage journalier, aussi simples qu'ingénieux, qui ressortissent de l'industrie du bois :

Ces petites boîtes servant à renfermer l'attirail nécessaire au noircissement des dents, ce coffret contenant la poudre et les brosses à dents; cette toilette, avec ses nombreux tiroirs de toutes dimensions, et qui plairait certainement aux dames européennes comme accessoire à la leur; cette boîte avec tout ce qu'il faut pour écrire; ces écrans, ces cadres de paravent, ces tables à musique; cette table à manger, cette boîte contenant les baguettes à manger; ces bobines plates pour le fil et la soie; ce grand coffre couvert de dessins aux couleurs vives, qui ferait si bien dans une antichambre.

Puis certains ustensiles de cuisine, enfin la table à ouvrage, laissée pour la fin de cette longue énumération, car elle mérite une mention spéciale.

Ce meuble est très ingénieusement disposé. Du

corps principal, qui pose à terre et renferme plusieurs
tiroirs, s'élève une colonnette dont le chapiteau soutient une pelote à tiroir (voir dessin numéro 2, p. 137).

Cet arrangement permet de poser l'ouvrage sur la
table, sans qu'il cache ou fasse tomber les menus
objets employés par la couturière : fils, aiguilles, épin-
gles, etc. Il est regrettable que l'on n'importe pas ces
petits meubles chez nous ; de même que les toilettes
citées plus haut, ils seraient certainement bien reçus.

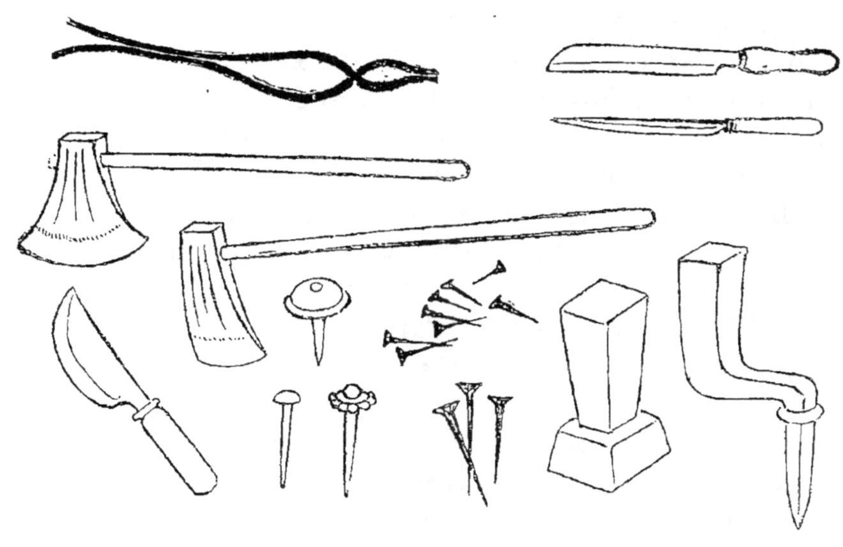

LE MÉTAL.

Fondeurs. — Armuriers. — Orfèvres
Ciseleurs, etc.

Le traitement des minerais aurifères se faisait autrefois à la main ; une fois concassé, trié et classé, il était porté aux ateliers d'affinage, broyé avec des marteaux de fer sur des plaques inclinées, tamisé, décanté en partie, moulu au moyen de moulins à main, lavé sur des tables et vanné sur des plateaux de bois.

Les parcelles d'or étaient fondues dans de petits creusets avec un feu de charbon de bois sec, dont on activait la combustion à l'aide de soufflets à main.

Les moyens se sont beaucoup améliorés maintenant et le rendement est bien plus élevé.

D'après les derniers renseignements officiels, on compte quatre-vingt-onze mines de cuivre, cinquante-trois de fer, quarante et une d'argent, vingt-neuf d'or. Le plomb, l'étain et l'antimoine ne se rencontrent qu'en petites quantités.

Fer. — On emploie maintenant des hauts fourneaux en argile réfractaire. Le foyer est construit en argile et charbon pulvérisés. On actionne la combustion au moyen de soufflets à bascule, mis en mouvement par deux ou trois ouvriers.

On en construit aussi, dans la province de Rikuchiu, qui sont doublés en briques réfractaires. La combustion est activée par des soufflets carrés, mus par des moyens hydrauliques.

Cuivre. — On trie le minerai, on le pulvérise, on le lave à la main, et on le calcine dans des fours chauffés au bois.

Le cuivre qui contient de l'argent est fondu avec du plomb et traité par liquation ; le plomb argentifère qui en résulte est soumis à la coupellation.

Plomb. — Le minerai de plomb est concassé, tamisé, lavé et fondu dans un petit fourneau semblable à celui qu'on emploie pour raffiner le cuivre. On y ajoute de la fonte pour faire précipiter.

Alliages. — Les alliages japonais sont pour la plupart employés pour des moulages d'ornement, des statues, des instruments de musique et des cloches. En voici les principaux :

Le *seido* (cuivre vert), alliage de cuivre, de plomb, et quelquefois d'étain.

Le *udo* (cuivre noir), alliage de cuivre, étain et plomb, qui donne aussi, suivant les proportions, le *Sentokudo*.

Le *shido* (cuivre violet), alliage de cuivre et plomb.

Le *schinchiu* (cuivre jaune), alliage de cuivre, zinc et plomb.

Mais les deux principaux alliages sont : le *schakudo* et le *schibuichi*. Le premier contient 95 0/0 de cuivre, de 1 1/2 à 4 d'or, de 1 à 1 1/2 d'argent, et quelque peu de plomb, de fer et d'arsenic.

Le second, 50 à 67 0/0 de cuivre, 30 à 50 0/0 d'argent, avec du fer et de l'or en quantités infinitésimales.

La vertu de ces alliages est telle que, le plus souvent la patine s'obtient sans l'adjonction d'aucun agent étranger; le contact de la main suffit avec la peau de chamois.

Le *schinchiu* et le *shido* rendent de grands services dans la décoration.

Le cuivre n'ayant été découvert, au Japon, que vers le viiie siècle, il est naturel d'en conclure que, pour les objets en bronze fabriqués avant cette époque, les matières premières ont dû être importées de la Chine ou de la Corée.

Les plus belles pièces anciennes qui sont arrivées jusqu'à nous remontent à l'introduction du Bouddhisme; des statues, quelques-unes de dimensions colossales, des cloches, des lanternes, des vasques, des gardes de sabre, sont les spécimens les plus remarquables d'un art qui n'a cessé de progresser depuis son origine.

Le moulage à cire perdue est le procédé le plus généralement employé, aussi bien pour la confection des objets d'usage cou-

Forgerons.

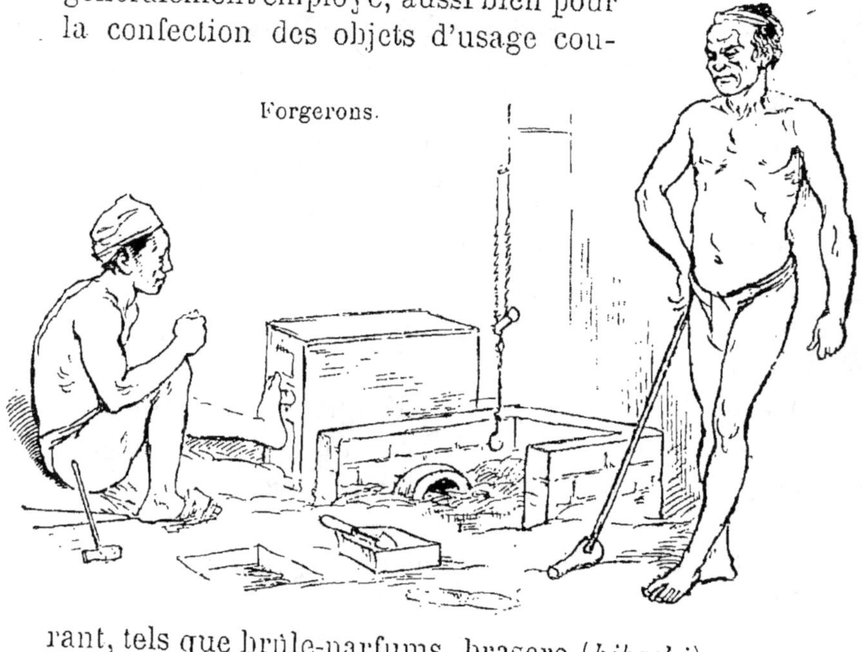

rant, tels que brûle-parfums, brasero (*hibachi*), vases de fleurs, que pour les œuvres d'art les plus recherchées.

On colore le bronze avec le vinaigre de prunes, le sulfate de cuivre ou de fer, le vert-de-gris, l'oxyde rouge de fer et le vernis.

Parfois l'ouvrier-artiste a recours, pour parachever son œuvre, à la ciselure, au martelage et aux incrustations qui se font, suivant le cas, en or, en argent. en nacre, en corail, en pierres précieuses même. Mais ces différents arts n'apparaissent qu'au xvi⁰ siècle.

Voici plusieurs expressions indiquant quelques-uns de leurs procédés ; *kibori*, ciselure fine ; *hira-zogan*, damasquinage ; *kata kiri bori*, relief obtenu au ciseau et au marteau ; *kata kiri bori zogan*, qui réunit ces divers procédés, joints à d'autres tours de main.

On fait ainsi les objets servant à la décoration des appartements, et ceux destinés au culte : vases, statues de dieux et d'animaux fantastiques, chandeliers, représentant souvent une grue sur une tortue, brûle-parfums, gongs et cloches, etc.

Armes et armuriers. — Depuis des siècles, de véritables artistes se sont consacrés à la fabrication des armures et des armes et, pour l'ornementation des sabres surtout, dont la trempe défie Tolède et Damas, ils ont mis à contribution la nature, l'histoire, la religion. sans jamais se répéter, malgré une énorme production.

Examinons en détail l'attirail formidable de ces farouches guerriers d'autrefois :

Ce sont d'abord des casques de formes souvent extravagantes, laissant deviner dans l'ombre de la visière saillante, un masque de fer grimaçant; puis une sorte de cotte de mailles appliquée sur tissus,

qui entoure le buste, et les bras, et retombe sur les
hanches par bandes séparées, pouvant se croiser ou
s'écarter suivant les mouvements et l'attitude.

Gardes de sabre.

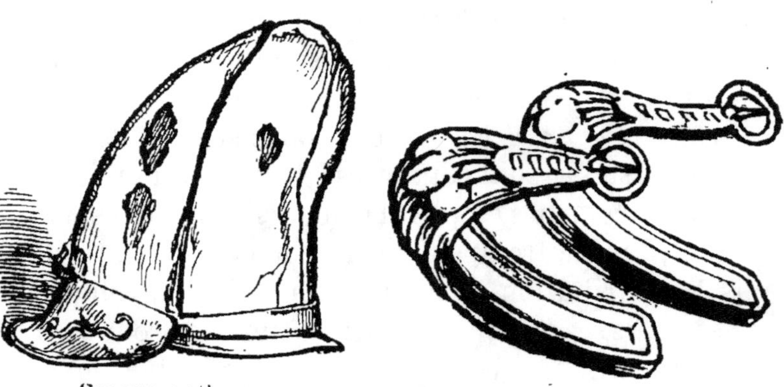

Casque antique.   Étriers.

Les épaules sont abritées par de larges épaulettes
de même nature, sur lesquelles retombe [le bavolet
articulé du casque. Les jambes, les avant-bras et les
mains sont protégés par des lames de métal.

De dessous la cotte de mailles sort un pantalon bouffant, plus approprié à l'équitation et aux exercices des armes que la robe nationale.

Les Japonais portent maintenant l'armement européen; ce qu'ils ont gagné en commodité, ils l'ont perdu en originalité.

Autrefois, ils n'employaient que les armes nobles : le sabre, la lance, les flèches.

Avant la révolution, la mode était, pour les nobles et les hauts fonctionnaires, de porter deux sabres, l'un le *katana*, long de quatre-vingt-dix-sept centimètres, était l'arme de combat; l'autre, le *wakisashi*. de moindre dimension, destiné à faire *hara-kiri*, c'est-à-dire à consommer le suicide légal. Le *wakisashi* était bien plus orné que le *katana*. C'était l'arme noble par excellence, la sauvegarde du seigneur, celle qui le rendait maître de sa vie, et lui épargnait, en cas de crime ou de disgrâce, d'être exécuté par la main du bourreau. Or, comme le suicide légal lavait toutes les souillures, la famille pouvait continuer à porter son nom dont rien n'avait terni l'honneur.

Le fourreau du *katana* (*saya*) est en bois léger, laqué de noir. La poignée est en galuchat (palais de requin). La lame, d'une trempe parfaite, est aiguisée par un de ces maîtres aiguiseurs comme il n'en existe nulle part ailleurs, et qui travaille accroupi, ses meules — de plus en plus douces — plongeant dans des baquets posés à terre.

Le polissage s'obtient à l'aide de frictions patientes

et méthodiques faites avec un linge mouillé dans l'eau où trempent les meules qui servent à aiguiser les lames.

L'entretien définitif des armes de choix — qu'il ne faut jamais oindre d'huile ni toucher avec des mains moites — était confié à un expert.

Les deux *menukis*, passés dans la ganse tressée en losange qui agrémente la poignée, ont pour but d'empêcher l'arme de glisser dans la main. Ce sont de véritables joyaux dûs à d'habiles orfèvres, de même que le *kodzuka*, petit couteau dont la lame aiguë disparaît dans le fourreau du sabre, et dont le manche passe dans un des trous de la garde.

Les Japonais s'en servent comme arme de jet, un peu à la façon des Italiens.

Dans l'autre trou réservé dans la garde passe le *kogaï*, épingle de tête qui servait autrefois pour fixer la coiffure des soldats, en l'attachant aux cheveux, portés alors très longs, en une espèce de chignon.

Il y eut une époque où c'était un grand luxe d'avoir beaucoup de sabres — on en avait de différents pour chaque costume — certains seigneurs en possédaient jusqu'à douze ou quinze cents, attestant ainsi leur noblesse.

Un homme, fût-il pauvre et mal vêtu, s'il avait à sa ceinture des sabres anciens et d'un grand prix, était plus considéré qu'un autre en riche costume mais porteur d'une lame vulgaire.

Les légendes du pays disent que les lames de sabres sont fées et ont une âme ; aussi, pour rien au monde les Japonais n'auraient osé porter des armes ne leur appartenant pas.

C'est afin de conjurer les mauvais esprits errants dans l'espace, que les armuriers consacraient leurs œuvres d'élite à Bishamon, dieu de la guerre, et qu'ils suspendaient dans leurs ateliers le *goé* shintoïste (guirlande formée d'étroites bandes de papier blanc).

Ils croyaient aussi que le dieu Inari venait les aider à forger les belles lames, auxquelles on donnait des noms, et, ainsi respectées et aimées, elles passaient de siècle en siècle dans la famille.

La profession de maître armurier ennoblissait celui qui l'exerçait.

L'usage voulait, lorsqu'un maître armurier mettait la dernière main à une arme de prix, qu'il revêtît son costume de cour. Cette solennité montrait à quelle hauteur on plaçait cet art et combien le métier des armes était honoré.

Émaux cloisonnés. — Les procédés employés pour la fabrication des émaux cloisonnés ont été empruntés à la Chine au XVIᵉ siècle.

De minces lames de cuivre, appliquées sur champ à la surface d'un objet en métal, sont fixées par une soudure mêlée de borax ; elles forment de petites cases que l'on remplit d'émaux de couleurs différentes, semblables, comme composition, à ceux que l'on emploie pour la décoration des porcelaines : verre pulvérisé, poudre de plomb, silice et différents oxydes métalliques.

Le charbon de bois sert à cuire cette première couche, et l'on répète l'opération jusqu'à ce qu'on ait obtenu l'épaisseur voulue.

Le sable, une série de pierres à repasser, et, pour finir, du charbon de bois de magnolia sont employés pour le polissage.

On a récemment appliqué l'émail cloisonné à la porcelaine; mêmes opérations que ci-dessus, sauf que pour fixer les lames de laiton on emploie un verre très fusible. La fusion des métaux aide puissamment à l'adhérence.

C'est à Nagoya que se fabriquent actuellement les plus beaux cloisonnés.

Orfèvrerie. — Les Japonais n'ont pas d'orfèvrerie proprement dite, et moins encore de bijouterie. Ils ne portent ni colliers, ni bagues, ni bracelets; ils ne se servent pas de vaisselle d'argent; ils n'ont pas de vases d'or dans leurs temples.

Leurs seuls joyaux — petites plaques ornant les blagues à tabac, pipes minuscules en argent ciselé ou en cuivre, dont le foyer ne contient de tabac que pour une ou deux bouffées, encriers, boîtes à médecine, *menukis*, *kodzukas*, enfin et surtout, les *netzkés*, sur lesquels, sans tenir compte de la matière, tant d'art a été dépensé — n'ont rien de commun avec les nôtres.

Le bois naturel, le bois laqué, l'ivoire, la corne, le

jade, l'ambre, l'onix, le corail, le cristal, et tous les métaux ont été appliqués à la fabrication des *netzkés*. Ces objets, de première nécessité pour un habitant de l'empire du Soleil-Levant, et qui ont exercé la verve d'artistes innombrables, servent à suspendre à la ceinture les divers petits bibelots sans lesquels la toilette d'un Japonais ne serait pas complète : pipe, blague à tabac, écritoire, et parfois la boîte à médecine.

Chaque ustensile tient à un cordon, tous ces cordons réunis passent par un petit trou percé dans le *netzké* : on fait un gros nœud pour tout retenir de l'autre côté, et le *netzké* forme ainsi la tête d'une sorte de gland dont chaque brin serait terminé par un objet léger. Lorsque la ceinture est nouée, on passe en dessous le *netzké* qui ressort en haut et retient par son relief tout ce qu'il sert à suspendre.

Osaka, Nara et Kioto sont les villes d'où sont sortis les plus beaux et les plus nombreux échantillons de ces délicats objets d'art.

L'*okimono* ressemble en tout au *netzké*, sauf qu'il n'est pas perforé et ne peut servir que comme joyau d'étagère.

Il n'y a donc pas de comparaison à établir entre l'orfèvrerie japonaise et la nôtre; la fantaisie et le goût priment le style et les règles établies.

S'inspirant toujours de la nature, l'artiste japonais fait preuve d'une grande souplesse : son art reste libre et pittoresque et n'a aucun souci de la valeur des métaux employés, et dont il ne fait cas que suivant les effets qu'il peut en tirer.

Peu lui importe qu'un objet soit en or ou en argent; fût-il en matière des plus vulgaires, il l'appréciera, si la forme en est élégante et le travail délicat; il emploie les divers métaux pour leur couleur, leur brillant, leur éclat, et compose sa palette comme le ferait un peintre, choisissant aussi volontiers l'étain ou le plomb, que l'or et l'argent.

Certains grands vases de bronze, agrémentés d'or et d'argent, surchargés de sculpture, de motifs, ne semblant tenir au fond que par un fil, sont restés, pour nos plus habiles praticiens, d'insolubles problèmes ; et voici des statues religieuses de dimensions colossales, des cloches, des lanternes pour lesquelles l'artiste a fait preuve d'invention et de génie et atteint aux dernières limites de l'art.

Nous allons le suivre dans quelques-uns de ses travaux : il choisit d'abord le sujet qu'il veut rendre ; c'est par exemple une branche desséchée de pêcher ; elle est rugueuse, tourmentée, contournée, mouchetée de mousse jaune et verdâtre, semée de petits points rouges, creusée, à son attache avec l'arbre, d'une blessure ancienne qui a peut-être causé sa mort.

Il s'installe dans son jardin, pour bien étudier son modèle et s'en pénétrer complètement.

Il commence par un modelage en cire, puis il l'enduit de terre fine, étendue par couches successives qu'il laisse durcir. Il en fait un moule qu'il lute, c'est-à-dire qu'il entoure d'un enduit spécial formant une enveloppe dans laquelle il a réservé des petits jours.

Il l'enferme ensuite dans une cazette qu'il a construite exprès et la fait chauffer à petit feu; la cire fondue s'écoule par les trous, et l'artiste obtient un moule d'une scrupuleuse exactitude.

Ne dédaignant pas de devenir fondeur, il prépare son alliage et le coule dans le creux du moule chauffé que l'on brise après son complet refroidissement, et la branche apparaît dans son absolue sincérité.

L'ouvrier redevient artiste et se remet à l'œuvre, accroupi devant son modèle, maintenant avec ses pieds l'objet qu'il veut parfaire. Un travail minutieux et délicat commence.

Avec quel amour il cisèle, polit, colorie, utilisant tous les procédés cités plus haut : le *kibori*, le *hira zogan*, le *kata kiri bori* et bien d'autres, caressant son œuvre, revenant cent fois au même détail, y mettant son âme tout entière pour arriver à la perfection, à la vérité la plus intense.

Et quel triomphe pour lui, lorsqu'on voit apparaître sur ce bois mort les tons veloutés de la mousse pointillée de laque rouge comme par de minuscules gouttes de sang, lorsque l'écorce grise prend cet aspect de dessiccation qui donne envie de l'émietter, lorsque de fins insectes, au corselet d'or ou de fer, aux ténuités inimaginables, semblent vivre et s'agiter tout prêts à s'envoler.

Il n'est jamais satisfait, et trouve sans cesse quelque chose à perfectionner, à ajouter. On ne saurait décrire les multiples opérations auxquelles il se livre : niellures, cuissons avec du soufre, polissures avec des poudres impalpables, lavage avec du vinaigre de prunes, chauffages exigeant d'incroyables précautions, pour arriver au chef-d'œuvre que l'artiste signera enfin avec la douloureuse appréhension de la séparation prochaine.

Enfermé d'abord dans un étui de soie, puis dans un coffret fabriqué par lui-même, où le précieux objet se trouvera logé comme dans un nid préparé avec tendresse : c'est ainsi qu'il sera présenté au seigneur qui l'a commandé.

L'artiste se mettra en route pour le porter, vêtu de ses plus beaux habits, ne croyant pas faire de la sorte trop d'honneur à l'œuvre d'art sortie de ses mains, agissant en ceci comme les maîtres armuriers qui se parent de leurs habits de cour pour donner la dernière touche à leurs lames célèbres.

Mais où l'artiste japonais excelle, c'est dans ces menus objets dont nous avons déjà parlé, les *netzkés*, les gardes de sabre, les *menukis;* ciselés, ajourés, fouillés, ce sont de pures merveilles. Les uns forment de véritables tableaux et représentent des personnages, des fleurs, des paysages; les autres sont des animaux, des insectes, etc.

Toute l'histoire du Japon se retrouverait là si on pouvait les réunir, tant le génie de ses artistes s'y est donné libre carrière.

C'est ainsi que ces choses se passaient autrefois.

Il ne faut pas croire que les objets livrés au commerce en Europe aujourd'hui soient fabriqués avec tant de soins et de cérémonie.

En ouvrant ses portes aux étrangers, le Japon a été envahi par le trafic mercantile, qui est la négation de l'art pur.

Ce qu'il faut à cette heure, c'est la production hâtive et à bon marché, où la qualité perd ce que l'on gagne en quantité.

Mais la tradition reste pourtant, et même dans toute cette pacotille qu'on nous envoie, on retrouve des procédés, des formules qui sauvent de la banalité.

Une œuvre quelconque de ces ouvriers ne sera jamais vulgaire. La sève artistique est telle, chez ce peuple, que tout ce qui sort de ses mains porte un cachet spécial de grâce et de distinction.

CÉRAMIQUE

La poterie japonaise a sa place marquée dans l'histoire de la céramique, et personne ne songera à lui disputer le premier rang.

Seules les porcelaines chinoises peuvent lutter avec les porcelaines japonaises, car certaines de leurs couleurs sont inimitables; ce sont : le jaune impérial. rubis, sang de bœuf, fraise écrasée, fleur de pêcher, clair de lune, vert camélia, pomme verte.

Mais les Chinois ne peuvent pas, en somme, soutenir la comparaison avec les Japonais, leurs élèves devenus leurs maîtres, sur ce terrain, comme sur tous ceux, d'ailleurs, qui confinent à l'art.

Le Japon possède trois genres bien tranchés de produits céramiques :

1° Les faïences composées de kaolin, dont la glaçure comprend divers métaux mêlés à de la lessive.

2° Les grès cérames, fabriqués avec une argile dure, que l'on recouvre parfois d'une glaçure.

3° La porcelaine composée de silice plus ou moins pure, de quartz, de filsite, de feldspath, de granit pulvérisé. Dans la glaçure entrent de la silice, de la lessive et divers métaux. On les décore avec de l'or, de l'argent, du plomb, de l'étain, du cuivre, du chlorure d'or, de l'oxyde de fer, etc.

Les plus anciennes porcelaines semblent être celles d'Owari. On en parle dès l'an 920.

Les porcelaines de Seto, dans la même province, datent du XIIIe siècle. Ce fut un Japonais qui alla étudier leur fabrication en Chine, pour s'établir ensuite dans la province d'Owari, en y apportant les éléments d'un art qu'il perfectionna et modifia. Cette industrie se perpétua dans la famille, dont le chef, Kichigaemon voulut, vers l'an 1800, connaître les procédés employés à Arita. Mais les potiers de ce pays refusèrent de les lui enseigner.

Kata Kichigaemon y envoya alors son frère, nommé Tamikichi, qui, pour arriver à ses fins, épousa la veuve d'un ouvrier d'Arita.

Au bout de quatre ans, ayant appris tout ce qu'il voulait savoir, il s'enfuit, revint à Owari, forma des élèves habiles et se mit à fabriquer les porcelaines dites Somet-Suke, qui eurent un grand succès.

Il fit de grandes plaques de porcelaines bleues.

C'est le seul endroit, au Japon, où l'on puisse fabriquer des pièces de cette dimension.

Les porcelaines de Mino ne diffèrent presque pas de celles de Seto; les procédés sont les mêmes.

C'est au commencement du xvie siècle qu'un Japonais, nommé Gorodayu Shonsui, rapporta de Footchow, en Chine, le secret de la porcelaine et tous les ingrédients nécessaires à sa fabrication.

Il construisit des fours dans la province de Hizen et se borna à faire une porcelaine blanche et bleue — sous la glaçure. — Mais comme il dut se montrer très économe des produits qu'il avait importés, il ne put faire que des pièces de petites dimensions.

Il fallut, pour permettre à cette industrie de se développer, qu'un Coréen nommé Risampei, amené au Japon par un général japonais, trouvât dans les montagnes le feldspath nécessaire à la fabrication de ce genre de porcelaine, qui fut imité, continué et modifié par les manufactures de Kameyama et d'Imari.

Mais ce ne fut que bien plus tard que se créa cette dernière. Un habitant de cette province, Higashi Jima, et un de ses compatriotes, Gesu Gombe, se livrèrent à une série d'expériences dont les résultats furent des plus satisfaisants. Le hasard d'ailleurs s'en mêla dans la suite et fit découvrir un procédé devant donner une cuisson plus parfaite.

En 1770, un fabricant s'aperçut, en retirant les porcelaines du four, que plusieurs pièces s'étaient collées ensemble.

Il dégagea avec soin celle qui se trouvait au milieu, et la trouva admirable de cuisson et d'éclat.

Dès lors, il fit faire, pour cuire les pièces fines, des cazettes munies d'un couvercle, hermétiquement clos par une couche de glaçure. Ce procédé est encore employé de nos jours.

La porcelaine décorée sur couverte fut importée de Chine par Tokuzayémon, en 1650, et perfectionnée par Kakiyemon, dont les émaux colorés n'ont pas été dépassés depuis. Leur teinte adoucie, bleue, lilas, vert pâle et rouge terne produisent, sur un fond blanc de lait, des harmonies délicieusement tendres.

La qualité de la pâte, qui rend au doigt le son d'une fine cloche, ajoute la valeur intrinsèque à la valeur d'art de ces produits.

L'Eiraku *yaki* est une des plus belles porcelaines de Kioto. Elle fut inventée par Zingoro Riozen, dont les ascendants étaient potiers depuis dix générations.

Lorsque Riozen trouva le moyen d'imiter les anciens produits céramiques chinois et japonais, le prince Kishu, admirant les splendides pièces obtenues, leur donna le nom d'Eiraku, nom que Riozen adopta dès lors comme nom de famille (*Yaki* veut dire porcelaine ou faïence).

Les poteries coloriées par l'oxyde rouge de fer et ornées de dessins à l'antique en or ont acquis une réputation sans rivale. Riozen les appela Eiraku *kinrandé* en raison de leur ressemblance, par leur brillant et leur éclat, avec le brocart d'or nommé *kinran*.

Les manufactures de Kiyomidzu et de Goyo ont acquis, depuis l'an 1800, une grande réputation. Avant cette époque, on n'y fabriquait que des poteries assez grossières, en employant à peu près les mêmes procédés qu'à Seto, province d'Owari.

Les principaux produits sont les théières, tasses, bols, soucoupes, etc.

Il y a actuellement quinze fours à Goyo et six à Kiyomidzu.

Les porcelaines de Mino sont fabriquées dans plusieurs villages du district de Toki. La manufacture de Tajima est la plus importante. On y fait principalement des vases de fleurs et des bouteilles.

Les procédés sont ceux de Seto ; ce sont simplement des porcelaines bleues.

C'est de la province de Hirado que sont sorties, au siècle dernier, les plus belles figurines en porcelaine blanche connues.

Kutani est un village de la province de Kaga, qui a donné son nom à cette porcelaine dorée sur fond rouge, dont le marché européen est inondé, et dont l'invention ne remonte pas au delà de 1814.

Kutani est située sur une haute montagne où la neige séjourne pendant une partie de l'année, ren-

dant les communications et les transports extrêmement difficiles.

Vers 1878, un ouvrier de la famille d'Eiraku vint à
Kutani, où il introduisit son mode de décoration.
Dès lors, on a constaté une réelle amélioration dans
le dessin, l'ornement et l'éclat du coloris.

C'est à partir de ce moment que l'on appliqua l'or
en feuille très brillant sur un fond rouge clair. Précédemment, le rouge était plus foncé et l'on employait
l'or en poudre.

Ce nouveau produit a déjà donné lieu à de nombreuses contrefaçons d'ordre inférieur et d'un art
moins relevé.

C'est en 1650 qu'un *samuraï* (officier) du clan de
Daishoji (province de Kaga) importa de Chine les
procédés que l'on y employait et commença à fabriquer de la porcelaine.

Il y a, en effet, une grande similitude entre les
produits bleus, verts, rouges de cette époque et les
produits chinois. Avec le temps on perfectionna la
décoration et l'on employa le vert foncé, le mauve et
le jaune pur.

En 1658, le prince Mayedo fit exécuter par Saijiro
de petites pièces décorées de rouge, vert, jaune, violet.
or et argent. Ce fut le point de départ d'une manufacture célèbre qui dut son développement à la décou-
verte d'une terre glaise propre à cette fabrication ;
après avoir brillé au xvii° siècle, elle baissa beaucoup au xviii°.

En 1800, Yoshidoya entreprit de relever cette industrie. Il fonda une poterie à Yamashiromura, où il réunit les meilleurs procédés de l'origine.

Yoshidoya eut l'heureuse inspiration d'établir sa nouvelle fabrique dans la plaine, exemple qui fut rapidement suivi; on en compte un grand nombre dans les districts de Yenuma et de Nomi. Mais les matières premières sont tirées de Kutani.

Les principales faïences japonaises sont ensuite, celles de Satsuma, Awata, Raku, Shigaraki, Soma (aux armes du prince de Soma — un cheval échappé). Takatori, Banko, Higo, Yatsushiro, Kinko Zan (émaux bleus), Toyosuké (brun avec des reliefs blancs), Oribe (aux vives couleurs), Bizen (bleu et blanc).

La faïence de Satsuma doit son origine au prince de ce nom, qui alla combattre les Coréens vers 1592.

Charmé par les produits céramiques de ce pays, il en ramena, en 1598, dix-sept potiers émérites, qu'il installa dans sa province et dans celle d'Osumi. Plus tard, il les établit à Naeshiro Gawa pour y exercer leur industrie.

N'épousant que des compatriotes, ces ouvriers coréens formèrent, pendant longtemps, un petit peuple à part, ayant leur langue, leurs mœurs et leur type particulier.

Il y a là, actuellement, cinq cents familles, formant un total de mille quatre cent trente individus exerçant tous le métier de leurs ancêtres.

En 1630, un de ces potiers, Boku Zeigo, découvrit

du *Shiro tsuchi* (litt. : blanche terre) dans les environs de la poterie. Cet important événement améliora sensiblement la fabrication. C'est à partir de ce moment que l'emploi de l'or, de l'argent et des matières colorantes pour la décoration devint général.

La faïence de Satsuma est d'une merveilleuse pureté : un fond crème, aux fines craquelures, d'une pâte aussi serrée que l'ivoire, dorée, émaillée de brillantes couleurs; elle est malheureusement reproduite en pacotille par les manufactures actuelles de Kioto.

La fabrication de la faïence d'Awata est restée exclusivement entre les mains de dix familles, qui ont conservé pour la décoration et la composition de la glaçure les procédés de leurs ancêtres.

Un seul de ces potiers, Tanza Rokuro, s'est affranchi de cette règle et a fabriqué de la porcelaine.

Les faïences de Raku remontent à 1550. A cette époque, un Coréen, nommé Amaya, vint s'établir à Kioto ; il se fit naturaliser et changea son nom contre celui de Sasaki Sokei ; son fils, Tanaka Chojiro, lui succéda.

Mais, en 1580, son arrière-petit-fils, nommé Kichizaiémon, reçut d'un grand personnage un cachet en or, portant le caractère Raku, qui signifie jouissance, plaisir. En lui faisant ce cadeau, il lui imposa l'obligation de l'apposer sur chaque pièce de sa fabrication.

Par suite de cet ordre, les produits de cette manufacture prirent le nom de Raku *yaki*.

Ces produits n'ont subi aucune modification depuis leur invention jusqu'à nos jours. Onze générations de potiers nous les ont conservés dans toute leur pureté.

Les *Chajins* ou *Tcha-jin* les préfèrent à cause de leur beauté et de leur élégance; comme elles sont fort tendres, elles causent aux lèvres une sensation agréable, et ont la propriété de conserver longtemps la chaleur.

Aussi, bien que l'on fabrique en Raku des faïences de toutes sortes, les principaux produits sont des tasses et des théières.

Le Banko *yaki* est un grès cérame, à pâte ferrugineuse, qui date de 1680. Un nommé Banko Kichibe établit à Komüme (Tokio) une succursale de sa manufacture de porcelaine de Kutani; il en sortit d'assez beaux produits, rappelant la faïence de Satsuma comme pâte et comme décoration.

Cette poterie cessa d'exister; mais, en 1840, un potier de Komaki, Yusetsü, natif de la province d'Yse, s'y établit et entreprit un nouveau genre de grès cérame à pâte ferrugineuse, et lui donna le nom de l'ancienne fabrique.

Il eut du succès et continua. Ses produits, les uns recouverts de glaçure, les autres sans glaçure, sont généralement des théières, des tasses et autres objets d'usage courant. Ils sont fort appréciés pour leur élégance et leur délicatesse.

Mais les articles les plus curieux sont les pièces

marbrées, obtenues par un mélange d'argiles brunes et blanches, récemment découvertes ; d'autres encore, d'un brun violacé, avec des caractères et des dessins blancs incrustés, sont obtenus par l'emploi d'une très grande variété d'émaux.

Les Hollandais qui, seuls, pendant les deux siècles derniers, avaient acquis le privilège exclusif de commercer avec le Japon, tirèrent surtout de ce marché, comme objets d'art, des produits céramiques, de nombreux échantillons d'Imari, Arita, Bizen, Owari, Satsuma, Kioto, Kutani, pour ne citer que les plus célèbres.

Mais ils se livrèrent à de singulières contrefaçons : ils envoyaient à l'île de Décima, où leurs compatriotes étaient parqués et étroitement surveillés, des services entiers en porcelaine blanche, que des artistes japonais décoraient et qui revenaient ensuite en Europe.

Fabrication de la porcelaine.

Porcelaine d'Imari. — Toutes les matières premières sont pulvérisées dans des mortiers de pierre au moyen d'un pilon à bascule des plus ingénieux.

Il est établi au bord d'un petit cours d'eau, et se compose d'une longue poutre horizontale, dont une

extrémité est recouverte d'une armature de fer destinée à broyer les matières, et dont l'autre supporte
une auge.

Alternativement, grâce au mouvement de bascule,
l'auge se remplit d'eau et se vide; pleine, son poids
enlève le pilon, qui en retombant, réduit en poudre
le contenu du mortier.

Les matières pulvérisées sont une première fois
tamisées, puis soumises de nouveau à l'action du
pilon, et ainsi de suite jusqu'à ce qu'elles obtiennent
un degré de finesse suffisant.

On les place alors dans un récipient, on verse de
l'eau dessus, on agite le mélange, on le laisse reposer
et on décante. On fait sécher cette pâte sur des fours
afin de lui donner la consistance nécessaire, puis on
la coupe en morceaux pour être façonnée.

L'ouvrier prend ensuite ce morceau de pâte, le pose
sur une table et le pétrit à deux mains; il lui donne
ainsi la forme d'une boule qu'il place sur un tour,
activé par une pédale. Après avoir donné à ce bloc
la forme voulue, il le place au soleil sur une planchette afin de le faire sécher.

Il remet alors l'objet sur le tour, lui donne l'épaisseur nécessaire au moyen d'un petit couteau, l'essuie
soigneusement avec un linge mouillé, l'enduit d'une
mince couche de barbotine, et l'introduit dans un
four à biscuit.

Le four à biscuit est chauffé à une température
trois fois moindre que celle des fours à grand feu.

Après cette première cuisson, on décore et on glace

l'objet, puis on le place dans un four ordinaire où il cuira douze heures.

Lorsqu'on s'est assuré que le degré de cuisson est suffisant, on referme le four qu'on laisse refroidir pendant trois jours complets pour les petites pièces, six ou sept jours pour les grandes.

Pour alimenter le four, on a soin, en le fermant, de laisser un petit trou pour y introduire les bûches, d'égales longueur et grosseur. On en brûle dix-huit mille toutes les douze heures. On fait un feu moyen pendant les cinq premières heures, mais on l'active énergiquement pendant les sept heures suivantes.

La cuisson terminée, on retire une pièce du four et on la plonge dans l'eau froide, afin de s'assurer du degré de vitrification. Si la cuisson est jugée suffisante, on referme le four qu'on laisse refroidir comme il est dit plus haut.

Préparation de la glaçure. — La glaçure se compose d'argile blanche étendue d'eau, et de cendre du distylium racemosum, dont le meilleur provient des provinces de Satsuma, Hiuga et Higo.

Puis on répand cette cendre à terre, on met au milieu une certaine quantité de charbon de bois qu'on allume et qu'on recouvre de cette même cendre jusqu'à la combustion complète; cette opération dure deux jours. Le résidu, une fois refroidi, on le jette dans l'eau et on le tamise.

Ensuite on fait dissoudre l'argile blanche pulvérisée dans un vase d'eau, et la cendre dans un autre.

On trempe alors, dans chacune des deux solutions, un morceau de biscuit, sur lequel se forme un dépôt plus ou moins épais. Si ce dépôt est d'égale épaisseur sur chacun des deux morceaux, on procède au mélange.

Si l'on veut une glaçure verte, on ajoute quarante pour cent d'oxyde de cobalt.

Il y a deux qualités d'oxyde de cobalt : la meilleure est verte, l'autre est brune ; on en fait une pâte en la mélangeant avec une infusion de thé, après l'avoir réduite en poudre; on la délaye ensuite complètement dans l'eau puis on laisse reposer pendant trois heures, et un précipité est obtenu par le moyen du sulfate de magnésie. Après un dernier lavage à grande eau, le produit est prêt pour l'usage.

Porcelaine de Kutani. — Les matières premières — pierre de Kutani, de Gokoji et de Susutani — sont broyées au pilon à bascule.

On laisse séjourner la poudre dans l'eau, on l'égoutte, on la broie de nouveau entre des meules, on la remet dans l'eau après l'avoir tamisée dans un tamis de soie, et on l'y laisse pendant deux ou trois jours.

On la fait ensuite sécher au soleil, on fait la pâte, et on façonne comme il a été dit plus haut.

La glaçure se compose de cendres du distylium racemosum et de pierre de Kutani.

Les procédés de décoration consistent à mettre les différentes couleurs sur les pièces blanches que l'on soumet pendant neuf heures à l'action d'un feu de pin. On les laisse refroidir, on décore avec de l'or et l'on soumet à une nouvelle cuisson. En dernier lieu, on polit cet or, avec du son d'abord, puis avec de l'acier.

La manufacture de Kutani compte plus de quatre mille ouvriers.

Préparations des poudres d'or et d'argent. — Première manière : En frappant ces métaux on les réduit en feuilles excessivement minces, puis on les réduit en poudre en les mêlant, pendant sept jours, avec de la poudre de plomb.

Quand on veut s'en servir, on mêle le tout avec de la colle forte liquide, et on broie ce mélange.

Deuxième manière : On dissout, dans seize parties d'acide nitro-muriatique, une partie d'or pur et l'on y ajoute cent parties d'eau distillée. On verse dans cette dissolution du sulfate de fer liquéfié, l'or se réduit en poudre et se précipite.

On laisse reposer, on enlève l'eau, on lave le dépôt plusieurs fois avec de l'eau tiède, et deux ou trois fois avec de l'eau froide ; enfin on fait sécher la poudre pour la conserver. Au moment de s'en servir, on la mêle à de la colle forte liquide.

On procède de même pour l'argent, sauf que l'on emploie de l'acide nitrique pur, au lieu d'acide nitro-muriatique.

Lorsque ces poudres servent à la décoration de la faïence, on y ajoute une petite quantité de baruse ;

on ne peut d'ailleurs, dans ce dernier cas, employer
que des poudres d'or et d'argent de première qualité, sinon, étant données la cuisson très longue et l'ar-
deur du feu, l'effet serait considérablement amoindri.

Porcelaines d'Eiraku, de Kiyomidzu et de Goyo. —
Les procédés de fabrication sont les mêmes pour ces
trois genres de porcelaines.

On commence par broyer avec des maillets en fer
les blocs de pierre dont on extrait les corps étrangers. On pile de nouveau, on fait passer au crible et
l'on verse cette poudre dans l'eau, où elle séjourne
trois jours. On la fait alors, à dix reprises, passer à la
meule et, lorsque la poudre est assez fine, on la verse
dans l'eau, on l'agite, on la fait sécher et passer à
travers un tamis de soie.

On conserve également les résidus qui peuvent servir à d'autres usages.

On mélange cette poudre soit avec un dixième de
terre de Shigaraki pour les porcelaines les plus belles,
mais ne pouvant pas supporter une forte chaleur,
soit avec trois dixièmes de Shigaraki donnant une
qualité supérieure de porcelaine, soit avec la moitié
de Shigaraki donnant la porcelaine commune.

Lorsque la vitrification de la poudre s'opère diffi-
cilement, on y ajoute un peu de cendre de distilium
racemosum. Ce mélange demande beaucoup de soins :
il est passé quinze fois entre des meules, puis à travers un tamis de soie, et finalement pétri et mis en
mottes.

Façonnage. — On place les mottes de pâte sur le tour mis en mouvement par la main droite; de la main gauche l'ouvrier détermine la grandeur et l'épaisseur de la pièce, en coupe la base au moyen d'un fil et la pose sur une étagère. Il peut ainsi en façonner cinquante à cent par jour, suivant la dimension.

On les fait sécher en plein air, puis dans une chambre. Certains objets doivent ensuite être régularisés au couteau : par exemple la tasse à thé; on la renverse sur le tour, on la soutient par un support et on découpe le pied en relief.

On façonne les pièces de forme non circulaire au moyen de moules en bois; lorsque des pièces sont très grandes, on met le tour en mouvement avec le pied, afin d'avoir les deux mains libres.

Les faïences d'Awata sont façonnées de la même manière.

Mais pour les porcelaines de Kiyomidzu, on emploie, outre le tour, des moules en biscuit ou en bois. Les moules en biscuit sont en relief ou en creux.

Les pièces moulées sont faites en deux parties que l'on soude ensuite. Les boutons et les becs de théières sont faits au moule lorsqu'ils sont ornés de dessins.

Les pièces perdent quinze pour cent de leur volume pendant la cuisson.

La soudure qui réunit les diverses parties de ces pièces s'obtient à l'aide de la pâte à porcelaine ramollie avec de l'eau.

Les moules en bois sont formés de planchettes

mobiles s'emboîtant les unes dans les autres. On recouvre d'un linge les côtés et le fond du moule ; puis
on y introduit ensuite la pâte par plaques en ayant
soin de lui faire prendre exactement la forme du
moule. Au bout d'un certain temps, on peut l'enlever.
On remplace quelquefois le linge par de la poudre de
Pueraria Thumbergiana.

On peut encore se passer de moules en procédant
de deux manières différentes : 1° on pose la plaque
de pâte sur un linge et on la façonne à la main ;
2° on découpe les morceaux que l'on joint ensemble,
comme les différents côtés d'un moule, en humectant
les extrémités des différentes parties.

Ce dernier procédé a un inconvénient : les pièces
ainsi faites se brisent facilement à la cuisson.

Les petites pièces représentant des animaux et
autres menus objets sont faites à la main et d'un seul
morceau. On les place sur un linge pour les empêcher
de se coller.

Fabrication de la faïence.

Faïence de Satsuma. — Les matières premières
(terres, pierres, sables de diverses provenances) sont
divisées en trois catégories, selon leur qualité. La première sert pour la fabrication des *Nishikidé* (faïences
d'une très grande valeur).

On broie les matériaux, on les tamise, on les verse dans l'eau, on les tamise de nouveau au tamis de soie très fin. On recommence cette opération un grand nombre de fois, jusqu'à ce que la poudre soit devenue presque impalpable. On la fait alors sécher sur des planchettes.

On procède de même, mais avec moins de minutie, pour la deuxième et la troisième qualité.

La glaçure de pierre blanche de Kaseda broyée, est mêlée à de la cendre d'ilex crenata, de queceus crispula, et d'autres bois très durs.

Lorsque la poudre a acquis la finesse voulue, on en fait une pâte en la mêlant avec de l'eau, on la met sur une table et on la frappe trois mille (!) fois avec des maillets en bois ; on l'enferme alors dans un vase ou une caisse hermétiquement clos, on l'y laisse pendant cinquante jours, et on la frappe de nouveau. On la frappe encore avant de procéder au façonnage.

Cette pâte s'améliore en vieillissant.

Construction des fours. — Elle est d'origine coréenne et assez défectueuse. Les fondations sont en brique, le reste est en argile. La partie antérieure est moins élevée que l'autre, et munie, en outre, d'un orifice servant de foyer. De chaque côté sont des trous par lesquels on alimente le feu.

On allume le feu dans le foyer, puis on l'entretient par les trous latéraux.

Ce mode d'alimentation laisse à désirer, car on court le risque de renverser les objets ou de les

salir avec de la cendre, enfin on ne peut pas obtenir
ainsi une température égale.

Faïence d'Awata. — Comme toujours on broie les
mottes de terre, on les fait passer par dix tamis de
plus en plus fins, jusqu'au tamis de soie. On laisse
séjourner la poudre dans de l'eau pendant deux
heures. On agite et on verse de l'eau doucement,
de manière à faire déborder l'eau d'un premier vase
dans une série de cinq autres vases placés en contre-
bas les uns des autres et communiquant entre eux
au moyen de tubes.

Cette opération dure douze heures et donne trois qualités différentes de terre : la meilleure est contenue dans le quatrième vase et la moins bonne dans le deuxième.

Chaque qualité est alors versée dans un grand vase, où on la laisse reposer dans l'eau pendant cinq à six jours. Une fois sèche, on en forme des tas que l'on place sur des tables où, encore humide, on la bat avec des maillets de bois, on la roule, on la bat encore, et ainsi trois fois de suite.

On en fait ensuite des mottes que l'on dépose dans un endroit humide et sans air. Au moment de s'en servir, on la pétrit de nouveau. Il faut, pour obtenir un résultat parfait, beaucoup de soins et une grande habileté.

Le façonnage est le même que pour les porcelaines d'Eiraku.

Cuisson. — Les fours à biscuit sont généralement isolés, ou, du moins, ils sont installés de façon que la flamme ne puisse communiquer de l'un dans l'autre. La forme circulaire est la plus fréquente, le four n'a pas de voûte et n'a qu'un seul foyer ; la partie inférieure du fond est en pente, pour que la flamme puisse en parcourir toute la longueur.

La cuisson exige une grande attention, des soins minutieux et habiles.

Les meilleurs bois de chauffage sont les pins âgés de soixante-quinze à cent cinquante ans, gardés pendant deux ans au chantier.

Il faut débuter par un feu doux, que l'on active graduellement, de même qu'on laisse refroidir le four peu à peu, sous peine de voir des félures se produire.

La cuisson est en moyenne de douze à quatorze heures, mais cela varie suivant la dimension des pièces.

Une fois décorées et glacées, les pièces sont cuites à grand feu.

Pour la construction de ces fours-là on choisit une pente, sinon il faut les élever en amphithéâtre. C'est une succession d'une dizaine de fours communiquant entre eux : le four inférieur ne compte pas, le n° 1 contient les pièces de qualité inférieure, le n° 3 contient les pièces de premier ordre, les derniers fours cuisent les objets de peu de valeur et les biscuits.

Il faut également placer les pièces suivant le degré de chaleur qu'elles nécessitent. On met dans des cazettes superposées les pièces de valeur, sur leur couvercle on pose les pièces de qualité secondaire.

Il faut chauffer progressivement, observer les variations barométriques et thermométriques de l'atmosphère, car elles ont une action directe sur la température du four, etc.

Les pièces coloriées et décorées avec de l'or et de l'argent sont cuites dans des fours spéciaux nommés *kingama*.

Faïences de Raku. — Les matières premières (Aka et Shira — terres rouges et blanches) sont simplement broyées dans des mortiers en pierre avec des pilons en bois, puis passées à travers des tamis en fil de cuivre et en crin.

Le Ki (terre jaune) est appliqué sur les pièces à l'état liquide, après le façonnage, qui se fait à la main et au couteau ; parfois on emploie des moules en terre ou en bois, mais jamais le tour.

Glaçure. — On broie du sekishi *seki*, du verre plombeux et de la silice, on les pulvérise à la meule et on tamise la poudre au tamis de soie. On procède ensuite comme il a été dit précédemment.

Cuisson. — Les fours employés sont analogues, mais plus petits que ceux dont on se sert pour l'Awata et le Kiyomidzu. Le bois de chauffage est toujours le pin ; les fours servant à cuire les pièces coloriées sont semblables au Kin gama. Toutefois la cuisson des pièces noires a lieu à part ; on n'en cuit qu'une seule dans chaque four, et on ne brûle que du charbon de bois, dont la combustion est activée par un soufflet de forge. Le feu doit être très vif, car la cuisson ne dure qu'une demi-heure, et, avec une température trop basse, la couleur perdrait son éclat.

La cuisson des pièces de couleur demande deux heures avec un feu moins ardent.

Le Banko est un grès cérame à pâte ferrugineuse inventé récemment ; il y en a de deux genres : avec ou sans gravure. Les produits nécessaires à cette fabrication sont tirés surtout de Komuki et de Shinedo, dans la province d'Isé.

Ce sont en majeure partie des tasses et des théières

qui sortent de cette manufacture; elles sont fort appréciées pour leur délicate élégance ; on en fait un grand commerce.

On lui doit comme dernière création des pièces marbrées fort curieuses, qui font un peu oublier ses produits anciens par leur éclat et leur nouveauté.

Ces marbrures s'obtiennent par le mélange d'argiles brunes et blanches ; ou encore on façonne des objets d'un brun violet, dans la pâte desquels on incruste des dessins blancs.

On emploie pour ces décorations que l'on peut varier beaucoup, une grande variété d'émaux.

Liste des localités qui donnent leurs noms à certains produits céramiques.

Provinces.	Villes.	Provinces.	Villes.
Hizen.	Nagasaki.	Satsuma...	Naeshirogawa.
	Arita.	Kioto	Kyomidzu.
	Imari.		Awata.
	Karatsû,		Eiraku.
	Okawachi.		Raku.
	Mikawachi.	Jamashiro.	Fukakusa.
	Shiraïshi.		Uji.
	Shida.		Fushimi.
	Odashi.		Mimuro.
	Yoshida.		Mibosatsu.
	Matsugaya.		Kinkozan.
	Kaméyama.		Iwakura yama.
	Omura.		Seikanji.
			Goyo.

Provinces.	Villes.	Provinces.	Villes.
Owari......	Seto. Tokoname. Inuyama. Oribe.	Iwaki.....	Soma
Omi......	Shigaraki. Zézé.	Musashi ...	Tokio. Imado. Sumida gawa
Mino......	Tajimi.	Sagami ...	Ota. Yokohama.
Jamato ...	Koriyama.	Chikugo...	Yanagawa.
Ise........	Banko.	Izumi......	Sakaï.
Bizen.....	Imbe.	Nagato....	Tayo ura. Matsumoto. Hagi.
Higo......	Yatsushiro.	Izumo......	Matsuye. Fuijina.
Kaga......	Kutani. Ohi.	Tchikuzén.	Takatori.
Setsu.....	Mito.	Tôtômi....	Shidaro.
Awadji ...	Iganomura.	Iga........	Uyéno.

QUELQUES MARQUES CÉLÈBRES.

Banko.   Bizen.   Arita.   Soma.

Awata.   Kutani.   Raku.

LES TISSUS.

Élevage des vers à soie.

Le Japon est le pays de la soie ; de tout temps la culture du mûrier y fut en grand honneur, et, dès le seizième siècle, les procédés de fabrication des tissus y atteignirent le plus haut degré de perfection.

L'élevage des vers à soie est une industrie répandue dans tout le Japon ; elle remonte à la plus haute antiquité et se divise en deux branches principales : production des graines et filature de la soie.

De la première dépend la race des vers à soie et la production des beaux cocons.

La culture du mûrier est aussi de la plus grande importance et réussit très bien au Japon.

On reconnaît les graines de première qualité à leur grosseur, à leur couleur et à la netteté des cartons.

Pour faire éclore les œufs, on sort les cartons des boîtes vers le 20 mars, et on les dispose dans une chambre bien aérée. L'éclosion a lieu dix jours plus tard et l'on donne aux vers, après les avoir placés délicatement sur une feuille de papier couverte de millet, et de jeunes feuilles de mûrier hâtif, hachées et criblées.

Il faut leur donner à manger en moyenne cinq fois par jour, trois fois quand le temps est humide, six. sept ou huit fois par les chaleurs, par un temps sec, lorsque le vent dessèche leur litière.

Le premier sommeil a lieu dix jours après l'éclosion. Les vers prennent alors une couleur blanchâtre.

Lorsqu'ils se préparent à dormir, on répand sur le papier où ils se trouvent une couche de son de riz, puis on établit au-dessus une sorte de filet couvert de feuilles de mûrier hâchées.

Le jour suivant, vers midi, les vers sont tous montés sur le filet que l'on transporte ailleurs avec précaution pour pouvoir changer leur litière. On répète cette opération deux fois entre chaque sommeil, suivant les variations de l'atmosphère.

Le lendemain de leur sommeil, on ne leur donne qu'un repas, puis on augmente d'après certaines règles.

Les trois sommeils nécessitent des soins identiques ; au quatrième seulement, il faut prendre les vers à la main, au lieu de les faire monter ; trois jours après, on leur donne des feuilles entières.

Lorsqu'on reconnaît que les vers vont filer, il faut leur donner des feuilles fraîches six ou sept fois par jour et même pendant la nuit. Lorsque les vers remontent le long des bords du panier, on les prend un à un pour les remettre en place. On se sert aussi pour cela des tiges de colza.

Quand le ver est arrivé à maturité, on a soin de bien aérer et de bien nettoyer la magnanerie; le manque de soins à cet égard serait très nuisible à la santé du ver. Six ou sept jours après, on peut enlever le cocon.

Les vers à soie terminent généralement leur cocon en trois jours; le quatrième, ils commencent à se transformer en chrysalide. D'abord transparents, ils deviennent de plus en plus foncés. On choisit alors de très beaux cocons, de forme régulière et de belle couleur. On les range sur une étagère, on les recouvre d'une feuille de papier. Le lendemain, les papillons montent sur cette feuille de papier où doit avoir lieu l'accouplement. On les porte alors très délicatement dans une corbeille que l'on couvre d'une natte.

Vers deux heures de l'après-midi, on enlève les mâles et l'on prend les feuilles que l'on pose sur le carton définitif, qui est entouré d'un cadre frotté d'huile, dont le but est d'empêcher les femelles d'aller pondre ailleurs.

Chaque carton est d'environ quatre-vingt-dix à cent-vingt femelles. Pendant toute la durée de la ponte, il faut maintenir une température de soixante-dix à quatre-vingts degrés. Lorsque le temps est froid, on chauffe avec des brasiers pleins de charbon de bois incandescent.

Les cartons ainsi préparés sont ensuite suspendus dans une chambre bien aérée, sans mauvaises odeurs et bien à l'abri des rats, qui sont très friands de ces œufs.

En décembre, on profite d'une belle journée pour

aérer les cartons, les nettoyer, puis les mettre dans des boîtes que l'on place jusqu'au printemps dans un endroit très propre.

La sériciculture, déjà si minutieuse par elle-même, est rendue plus délicate encore par le grand nombre de maladies mortelles que peuvent engendrer les variations atmosphériques.

Le froid, la chaleur, l'humidité, la sécheresse sont autant de causes de mort, si on n'y remédie à propos grâce à une grande expérience et une intelligence particulière.

L'établissement de la magnanerie est chose fort importante.

Cette construction se compose d'un rez-de-chaussée et d'un premier étage exposés au sud-est. La moitié du rez-de-chaussée sert d'habitation à l'éleveur; le reste sert à contenir les feuilles de mûrier.

L'élevage se fait au premier, auquel on accède par deux escaliers, et qui communique en outre par une trappe avec l'étage inférieur.

Le toit se compose de planches juxtaposées et recouvertes de tuiles; sur l'arête de ce toit s'en élève un autre.

Sur les quatre côtés ouvrent des fenêtres pour la ventilation. Chacune est munie d'un store. Les murs sont en bois recrépi.

Il y a plusieurs moyens de faire mourir les vers afin de dévider les cocons.

On peut les exposer au soleil entre deux feuilles de papier.

On peut les placer au-dessus de l'eau bouillante.

On peut les mettre dans un tiroir bien clos, en les retournant de temps en temps.

Enfin, on peut mettre du camphre dans la boîte qui les contient.

On dévide les cocons cinquante jours après leur formation.

Jusqu'à ces derniers temps, les machines étant inconnues au Japon, les femmes dévidaient à la main.

Pour cette opération, on plonge les cocons dans l'eau chaude et on les agite avec de petites baguettes jusqu'à ce que la soie s'y attache. On dévide plusieurs cocons à la fois, suivant la qualité.

Près de la bassine, se trouve une petite boule en cheveux ou en crin. On y fait passer le fil, que l'on attache au dévidoir, mis en mouvement avec la main droite.

On fait passer cette soie sur une série de dévidoirs de formes et de dimensions différentes, selon l'emploi auquel on la destine.

Il existe maintenant des filatures à vapeur.

Dès l'année 660 avant notre ère, on connaissait, au Japon, l'éducation des vers à soie et la fabrication de certains tissus assez ordinaires.

En 283 après J.-C., la Corée y envoya deux femmes connaissant bien le tissage des étoffes façonnées.

La cour alors s'occupa de cette industrie nouvelle, et créa un ministère chargé de la surveiller et de diriger la fabrication des tissus dont elle faisait usage,

ce qui amena une grande émulation et de rapides per-
fectionnements.

On avait déjà de fort beaux résultats en l'an 550.
On voit encore actuellement dans un des temples de
Nara des brocarts magnifiques qui datent de l'an 750.

Dès le xvie siècle les procédés de fabrication avaient
atteint le plus haut degré de perfection.

C'est dans *La maison d'un artiste*, de M. de Goncourt, qu'il faut lire l'étincelante description des
robes japonaises — de ces *kimonos* — depuis les plus
riches jusqu'aux plus simples, ornés de dessins imprimés, se répétant et taillés à la pièce, et pour lesquels
on a épuisé toute la gamme des tons rompus d'une si
exquise distinction.

On y verra ces merveilles, aux couleurs éclatantes,
aux dessins somptueux, brochés, lamés d'or ou d'argent, encroûtées de broderies, empruntant au monde
du rêve les apparitions, les dragons fantastiques, et
à la nature ses plantes, ses poissons, ses animaux ;
étalant des paysages, des marines, donnant la vision
du jour éblouissant, de la nuit sereine, en des décors
devant lesquels l'imagination reste confondue !

Il nous dira ces adorables coulées de teinte, fondues
les unes dans les autres, descendant du col jusqu'à
l'ourlet ouaté qui traîne à terre, et qui servent de
fond à ces superbes et savantes compositions...

Et autant d'art et de recherches sont répandus sur
ces larges ceintures de femmes, l'*obi*, sur ces carrés
d'étoffe brodée, les *fukusas*, etc.

C'est à Nishijin (Kioto) que se fabriquent les tissus

Coupe. — Dévidage. — Parfum. — Repassage.   8.

de grande valeur, tels que le *karaori*, le *yamato*, le *nishiki*, le *tsuzurcori*, le *donsu*, etc.

Kirin, dans la province de Kozuki, est un des plus anciens centres de cette industrie. Après une période de décadence, cette fabrique reconquit son prestige vers l'an 1500, et sa production augmente chaque année.

D'autres manufactures sont encore célèbres; on peut citer, dans la province de Rikuzen, celle de Miadju, produisant les *Seikoori*, *Haki ta ori;* dans la province de Chikuzen, celle de Fukuoka, produisant les *Hakata ori;* dans la province d'Omi, celle de Nagahama, produisant le *Chirimen*; dans la province de Yamato, celles de Kito et de Hagi, produisant des crépons délicieux, appelés *Kano Kosi bori*, etc., etc.

Dans les temps les plus reculés on avait connu le coton au Japon, mais, mal cultivée, cette plante avait disparu. En 1550, les Portugais en importèrent de nouveau la graine; cette culture s'est propagée et a pris dans le pays une très grande importance.

Une usine à vapeur a été fondée récemment à Sakai, province d'Idzumi, pour la fabrication des étoffes de coton. Seize provinces possèdent des fabriques pour ces tissus. En outre, le chanvre (boehmeria) donne deux sortes de toile, fabriquées spécialement dans la province d'Echigo.

La province d'Ise fournit un genre, le *Moji*, qui se divise en toile et en coton.

La province d'Iwaki donne des tissus réputés,

fabriqués avec du coton et du papier ; le premier sert de chaîne et le second de trame.

On fait aussi des tissus avec la fibre du titila cordata, d'où l'on tire également les matériaux propres à la fabrication des cordes, avec les fibres du *kutzu*, du bananier, avec les fleurs du salix, avec les fibres de l'écorce de mûrier, qui entrent dans la confection des nattes.

Il est à remarquer que, même dans ces étoffes ordinaires, le dessin, s'il est plus simple, est aussi artistique que dans les tissus de prix.

Il existe des tissus en coton où les dessins sont en partie imprimés et en partie brodés en soie ; c'est d'un effet charmant.

Dévidage et cuisson des soies. — La qualité des soies grèges dépend, en grande partie, de leur provenance. Pour les tissus de grand prix, on a soin de choisir le brin, ni trop dur, ni trop mou ; il le faut fin, net, brillant.

Si, pour la chaîne et la trame, les brins doivent être simples, on les teint d'abord, puis on les dévide ; s'ils doivent être tordus, on les dévide d'abord, on les teint et on les redévide ; s'ils doivent être doubles, on les teint, on les dévide et on les double.

Si la soie doit être cuite, on la dévide d'abord, on la tord, on la cuit, on la teint et on la redévide. Une fois ces opérations terminées, on met la soie en canettes et en navettes.

Souvent, suivant le genre de tissus que l'on veut

fabriquer, on imprègne la soie de colle de riz ou de colle d'algues marines.

Pour cuire la soie, on l'enferme dans un sac de toile et on la fait bouillir dans de la lessive. On la lave ensuite dans plusieurs eaux.

Pour cuire les étoffes, on les laisse d'abord pendant douze heures dans l'eau, puis on les fait bouillir dans de la lessive, on les lave, on les fait de nouveau bouillir et on les lave encore.

Dans certains cas, on met la soie grège dans un sac en cuir souple, et on la frappe pendant une heure avec des maillets de bois. Cette opération s'appelle *nayasu*.

Le dévidage consiste à enrouler sur de petites bobines la soie en écheveaux, préalablement mouillée et séchée.

La torsion, que l'on nomme *katayori*, consiste à tordre, au moyen d'un dévidoir, la soie grège déjà une fois dévidée. La torsion de gauche à droite de la soie à plusieurs brins s'appelle *awosè-yori*, la torsion inverse, *moro-yori*, et la torsion plus forte de la soie à plusieurs brins, par des dévidoirs de différentes dimensions, *hou-yori*.

Lorsque ce fil qui a déjà subi la torsion *hou-yori* est joint à un autre qui a subi la torsion *moro-yori*, il prend le nom de *habe-yori*.

Le doublage consiste à dévider, sur une seule bobine, plusieurs brins déjà unis isolément sur d'autres bobines.

Montage du métier. — Pour monter le métier, on

fait d'abord passer dans le peigne les fils de chaîne, puis on le remet en place.

On dispose le « semple », dont le nombre des ficelles est proportionné aux fils de la chaîne, selon les dessins tracés sur la carte quadrillée. Ce semple est tenu par un homme assis en haut du métier; il fait descendre et monter les fils de chaîne, ce qui forme le dessin.

Il y a deux sortes de métiers : l'un qui exige une grosse navette, l'autre qui n'en veut qu'une toute petite.

Le crêpe se fabrique avec deux fils tordus en sens inverse, ce qui produit l'ondulation.

Ce sont toujours les femmes qui dévident, et presque toujours elles qui tissent.

Dans quelques cas, elles se font aider par des enfants pour la fabrication de certains tissus.

Dans les brocarts (*yinran*) exigeant de l'or, on n'en met que pour la trame.

La préparation de ces fils d'or est assez compliquée, et assez intéressante pour en dire quelques mots.

On fait d'abord pourrir une courge jusqu'à ce que les fibres seules restent. Ensuite on prend une feuille de papier d'Echizen nommé *torina ko*; on l'enduit d'une couche de colle d'algues marines, puis on la frotte avec les fibres de courge, on vernit de nouveau et l'on essuie aussitôt.

On prend alors les feuilles d'or, que l'on applique tout de suite sur ce vernis, on frotte avec de la ouate pour bien coller partout, on laisse sécher, puis on frotte avec un tampon imbibé d'huile de colza.

Au moment de s'en servir, on découpe les fils de la grosseur voulue.

Teinture. Voici les produits employés pour obtenir les principales couleurs usitées dans la teinture des soies au Japon.

Sumi (noir) : écorce de Myrica nagy, eau ferrugineuse. noix de galle, écorce de grenade, sulfate de fer.

Chiai (rouge) : safran des Indes, bois rouge du Brésil, alun.

Chai (brun verdâtre) : écorce de Myrica nagy, safran, alun, bois rouge du Brésil, eau ferrugineuse.

Kobicha (jaune paille) : idem, moins le bois du Brésil.

Kabacha (orange) : safran et bois rouge du Brésil.

Shiracha (brun) : Myrica nagy, bois rouge du Brésil. alun.

Kurikawacha (châtain) : Myrica nagy, eau ferrugineuse faible, bois rouge du Brésil et alun.

Tobi (brun rougeâtre) : eau ferrugineuse faible, bois rouge du Brésil et alun.

Hitobi (bistre) : bois rouge du Brésil, alun, eau de chaux.

Tetsuonando : (marron), Myrica nagy, eau ferrugineuse faible.

Ha (gris souris) : noix de galle, eau ferrugineuse, myrica nageya et dissolution d'indigo.

Budo nedjumi (gris ardoise) : noix de galle, eau ferrugineuse.

Hi (vermillon) : carthame, safran, vinaigre de prunes et de riz, evodia glauca.

Kobaï (rose) : carthame, vinaigre de prunes et de riz, Evodia glauca. Pour les couleurs *Momo iro*, rose pâle, et *Toki*, rose foncé, on n'a qu'à varier les proportions, mais la composition est la même.

Murasaki (violet): Lithospernum erythrorhizon et lessive.

Aï (bleu) : dissolution d'indigo; on varie les proportions suivant la nuance que l'on veut obtenir.

Moegi (vert) : safran et dissolution d'indigo.

Les procédés et l'installation des teinturiers est des plus simples. Les femmes y sont employées comme les hommes. Tandis que les unes broient les couleurs au moyen d'une meule percée au centre, qu'elles tournent sans cesse, d'autres préparent les mélanges, et d'autres encore y plongent les objets à teindre.

Plantes tinctoriales. — Le Japon est très riche en plantes tinctoriales, les unes cultivées, les autres poussant à l'état sauvage ; certaines s'employant seules, en décoctions, d'autres se mélangeant avec des métaux ou des oxydes métalliques.

En voici quelques-unes des plus fréquemment utilisées :

Le *Shibuki* est l'écorce du *Yamamomo* (Myrica rubra), qui pousse à l'état sauvage dans les pays chauds. Sa décoction, d'une belle couleur rougeâtre, possède des propriétés astringentes qui conservent les tissus. On s'en sert beaucoup pour teindre les filets de pêche.

Le *Hannoki* (Alnus maritima); produit des fruits dont la décoction, nommée *Yasha*, mêlée à de l'eau ferrugineuse, donne le noir.

Le *Kifushi* (noix de galle), s'emploie de la même façon.

Avec les tiges et les feuilles du *Ariyasu* (Héliantus tinctorius), coupées ensemble et séchées à l'ombre, on fait une décoction d'un jaune verdâtre.

Plusieurs plantes fournissent des jaunes variés ; ce sont : les racines de l'*Ukon* (Curcuma macrophylla), l'écorce du *Zumi*, l'écorce du *Kirvada* (Evodia glauca) et les fruits du *Kuchi nashi* (Gardenia florida). Chacune de ces plantes traitée isolément procure un coloris très brillant.

Des racines d'une plante sauvage, le *Murasaki Kusa* on obtient un beau violet.

Des racines de l'*akane* (Rubia cordifolia) se tire un fort joli rouge.

Les feuilles de l'indigo (Polygonum tinctorium), plante vivace très cultivée au Japon, donnent une substance très employée pour la peinture et la teinture. Sa culture demande une mention particulière.

La graine, avant d'être semée, doit subir la préparation suivante : on la place dans un vase et on la recouvre d'une légère infusion de thé dans laquelle on la laisse séjourner cinq ou six jours ; on l'en retire, on la fait égoutter et sécher à l'ombre, recouverte d'une natte. Elle est ainsi prête à être semée.

On laboure alors le terrain, on sème dans les sillons, on herse et on recouvre de terreau ou de sable. Au bout d'environ vingt-cinq jours, lorsque la plante apparaît, on fume avec une sorte d'engrais composé de harengs et de sardines desséchés, de terre et de résidus de certaines huiles. On fume successivement trois fois de douze en douze jours ; si c'est nécessaire, on éclaircit le semis ; au bout de soixante-quinze jours, on repique et on fume encore à cinq reprises, en ayant soin de tenir la terre très propre par de fréquents sarclages.

Broyeur de drogues.

Soixante-quinze jours plus tard, on récolte en coupant la plante à la base. Il y a deux manières de procéder : faire la coupe à deux heures de l'après-midi, transporter les tiges à domicile et faire sécher dans la cour jusqu'au lendemain à midi, en les retournant souvent; ou bien faire la coupe le matin, faire sécher sur place, et les transporter ensuite à la maison.

Dans l'un et l'autre cas, on sépare les feuilles des tiges et on les met dans un sac en paille.

Pour la transformation en boules, on verse de l'eau sur les feuilles à plusieurs reprises pendant quatre ou cinq jours et on les recouvre de nattes. Au bout de ce temps, on les retourne, puis on recommence de vingt à vingt-cinq fois.

Cet arrosage a une grande importance; c'est une opération délicate qui doit se régler sur la température.

On pile ensuite les feuilles dans un mortier pendant un jour et demi; il faut de l'eau dans le mortier pour faciliter la réduction en une pâte d'une extrême finesse dont on forme des boules que l'on fait sécher et qui peuvent se conserver indéfiniment.

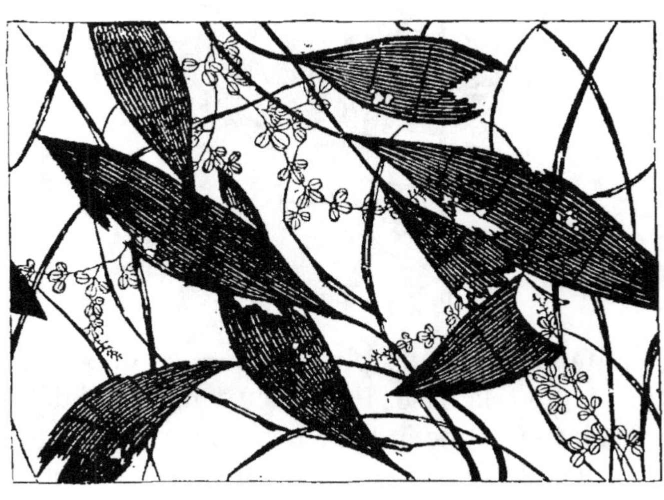

LA LAQUE.

Les marchands de curiosités de Tokio auraient, paraît-il, récemment décidé d'ouvrir une exposition, où ne seront admis que des objets d'art datant d'au moins mille ans.

On verra là de bien curieux spécimens de laque, car c'est un des plus anciens produits du Japon, dont l'origine est entourée de mystère; c'est en quelque sorte un art préhistorique.

C'est par une longue suite de tâtonnements que l'on est arrivé au degré de perfectionnement qui nous a donné de véritables chefs-d'œuvre en ce genre.

La laque proprement dite consiste en un vernis à multiples combinaisons dont l'emploi varie suivant la qualité et le fini des objets que l'on veut fabriquer. Ce vernis n'est autre que la sève du rhus vernicifera, arbre précieux, très cultivé au Japon, et qui produit, en outre, de la cire et un bois jaune très apprécié.

C'est la chair du noyau qui donne la cire. Le vernis s'obtient en faisant des incisions dans l'écorce de l'arbre, lorsqu'il a de cinq à huit ans. La récolte dure six mois, de juin à novembre, et donne trois qualités, suivant l'époque de la récolte.

On rase ensuite l'arbre au pied, on plonge les branches dans l'eau pendant une quinzaine de jours, et l'on en extrait encore du vernis, qu'on expose au soleil, dans de vastes récipients en bois, où on le remue avec une spatule, afin de faire évaporer l'eau qu'il contient. On le tamise, puis on le mélange avec du sulfate de fer et de l'eau tombée de la meule sur laquelle on aiguise les couteaux servant à couper le tabac (ce qui revient à l'emploi, à doses infinitésimales et impalpables, de la pierre à aiguiser et du tabac).

Les différentes qualités de laque dépendent dès lors de l'emploi du vernis avec ou sans huile (les meilleures qualités s'emploient sans huile) et des matières colorantes ajoutées ; ainsi, par exemple, pour la laque rouge on prend le vermillon dans les qualités supérieures, et le *benigara* (composé d'oxyde rouge de fer) dans les qualités inférieures.

Une autre couleur s'obtient en mêlant au vernis de l'orpiment et de l'indigo en poudre tels quels, ou délayés dans l'huile suivant le cas.

On y mêle encore de la colle forte, de la colle de riz, de la poudre de pierre à aiguiser, suivant les effets et les qualités que l'on veut obtenir, la sève du rhus vernicifera restant toujours la base.

Il y a plus d'une manière de fabriquer la laque, et chaque maître en cet art a dû y mettre beaucoup du sien. On reste confondu quand on songe à la quantité et à la délicatesse des opérations nécessitées par cette fabrication.

Le bois en est le point de départ ; de préférence celui de *Hinoki* et de *Kinoki* (magnolia). Il faut toujours un bois très mou, car, pour certaines choses très frêles, il n'a pas plus d'épaisseur qu'une feuille de papier.

On commence par ajuster minutieusement toutes les parties de l'objet que l'on veut fabriquer et l'on bouche les interstices des jointures avec une sorte de mastic composé de vernis brut, de farine et de sciure de bois. Lorsqu'une pièce est grande et demande du bois épais, on consolide les angles par des chevilles.

Comme il faut que toutes les surfaces soient très unies, on efface le moindre grain à la pierre ponce ; on recouvre ensuite l'objet d'une couche serrée d'un enduit fait avec une sorte de terre glaise pulvérisée et brûlée, mêlée à du vernis.

On ponce de nouveau, après un long séchage ; on colle ensuite sur le bois de la soie, de la toile ou du papier, suivant le fini qu'on voudra obtenir ; on dissimule la jonction des morceaux au moyen de vernis brut mêlé d'argile calcinée, puis on applique cinq couches successives du premier enduit, en laissant sécher chaque fois, et en polissant avec une pierre à repasser grossière.

A partir de ce moment, on se sert, pour les applications, d'une brosse faite de cheveux humains. (On observera que les cheveux japonais, de même nature que les cheveux chinois, sont gros et durs).

Après une couche de vernis brut, dans lequel on a mêlé à doses égales de l'argile calcinée et de la pierre à aiguiser pulvérisée, on polit de nouveau avec une pierre plus fine et, pour effacer les traces de ce polissage, on passe une nouvelle couche de vernis brut, mêlé à de la pierre à aiguiser pulvérisée, étendue d'eau. On polit encore avec une pierre plus fine, ou plutôt on polit au doigt avec de la cendre impalpable de corne de cerf. On passe une couche de vernis brut pur et on enferme l'objet dans une armoire, où on le laisse sécher pendant une vingtaine de jours.

Enfin, on polit une fois encore avec de la poudre très fine de charbon de bois, et l'on obtient un objet uni et brillant comme un miroir.

Mais ce n'est pas tout : ces diverses opérations sont interrompues par des séchages qui tous doivent avoir lieu dans la plus complète obscurité et dans un lieu un peu humide, en retournant souvent les pièces, pour que le vernis s'étale également. On a souvent, à cet effet, des caves n'ayant pas d'autre destination. On se rend compte de la dessiccation des objets en soufflant dessus; l'haleine doit y laisser une buée.

Mais jusqu'ici on n'a obtenu que la laque unie, de la couleur voulue; c'est un fond, choisi par l'ouvrier, gris, jaune, vert, brun, rouge ou noir, sur lequel s'appliqueront l'or, l'argent ou les matériaux précieux qui peuvent servir à la décoration de ces pièces.

Pour obtenir des laques marbrées, on mêle au vernis

des matières colorantes et du blanc d'œuf. On passe
une couche de ce mélange sur la pièce, puis on frappe
avec une spatule très mince ; ce qu'elle enlève de
vernis forme des dépressions qui sont le point de
départ des marbrures.

On ajoute alors, en les alternant de ponçages, comme

Tamisage.

il est dit précédemment, sept couches de vernis de
plusieurs qualités, puis on expose l'objet pendant trois
jours au soleil ; contrairement à ce qu'il serait permis
de supposer, cette exposition rend la couleur plus
vive et plus brillante.

On passe encore trois couches de vernis, et enfin

on y met la dernière main en frottant d'abord long-temps avec un tampon imbibé d'un mélange d'huile et de pierre pulvérisée, puis avec de la ouate imbibée de vernis brut, sur laquelle on verse de l'huile et de la poudre de corne de cerf.

Les procédés varient dans les détails, l'ensemble est toujours le même; plus ou moins nombreuses applications — quelquefois jusqu'à quinze, vingt, et même plus — de vernis, diversement combiné avec d'autres matières; ponçages aussi nombreux que les applications dans les qualités supérieures.

Mais, où le « faire » varie à l'infini, c'est dans la coloration et la décoration.

Dans les laques noires, l'encre de Chine joue un rôle important; on en passe une couche après une ou plusieurs applications de vernis; pour les laques rouges, on passe une couche de vermillon dans les premières qualités, une couche de *Benigara* dans les qualités inférieures.

Pour le jaune, on emploie un produit extrait du gardénia florida, puis on procède comme précédemment. Le charbon de bois est aussi fréquemment utilisé, tant dans le polissage que dans la coloration.

Pour les laques d'or, on fait chauffer sur un feu doux un mélange de vermillon et de vernis; on prend ensuite une feuille de papier transparent sur laquelle est dessiné ce que l'on veut reproduire sur la laque. On retourne le papier, et on suit le dessin au verso, avec un pinceau trempé dans le susdit mélange.

On applique alors sur la laque le papier du côté de

l'enduit, et on frotte avec une spatule en bambou. On frappe ensuite légèrement sur les lignes du décalque avec un petit sachet de soie rempli de poudre presque impalpable de pierre à aiguiser.

Ceci a pour but de parfaire l'application du dessin que l'on polit ensuite avec du charbon de bois, et que l'on recouvre minutieusement avec du vernis, afin de faire adhérer la poudre d'or que l'on applique soit avec un pinceau, soit en la semant avec un tube, suivant sa finesse.

On laisse sécher pendant tout un jour, puis on continue, comme pour les laques marbrées, par des applications de vernis, suivies de ponçages plus ou moins fréquents.

Pour les dessins en relief, le procédé varie quelque peu du précédent.

Une fois le décalque obtenu, on le couvre, en en suivant soigneusement les lignes, d'un mélange composé de deux tiers de charbon de bois et d'un tiers d'orpiment. On fait sécher, puis on frotte avec un tampon de ouate trempé dans du vernis ; on fait sécher ; nouveau frottage pour aplanir le relief, puis, au moyen d'un morceau de charbon de bois très fin, on polit soigneusement les contours du dessin ; avec une estompe en papier, recouverte de vernis en poudre, on polit le dessin lui-même.

On frotte encore avec du vernis et on fait sécher, puis on dessine les contours du dessin avec un vernis spécial et l'on recouvre les parties en relief.

Ce vernis est cuit avec du noir de fumée et du

camphre et tamisé trois fois. Il a la propriété de ne pas se fendiller, mais il sèche plus lentement.

Après cette application et ce séchage, on passe plusieurs couches d'autre vernis, et à l'avant-dernière on pose, au pinceau, de la poudre d'argent. On polit encore au charbon.

On recouvre alors le dessin d'une couche de vernis très vieux, on laisse sécher trois jours, on polit avec un morceau de charbon de bois de camélia, puis avec de la poudre de pierre à aiguiser; encore du vernis, puis de la poudre d'or, un autre séchage, un dernier polissage au charbon, puis à la corne de cerf pulvérisée; enfin on passe sur le dessin du vernis de trois ans et on achève l'objet, comme pour les laques d'or et les laques marbrées, par des couches successives de vernis alternées de ponçages.

Les laques incrustées de nacre se fabriquent à peu près de même.

On place dans et sous le vernis la nacre qui doit former le dessin; elle est ensuite recouverte de vernis qui est poncé jusqu'à ce que la nacre reparaisse.

On fabrique également une qualité de laque pouvant aller au feu, pour les usages de la cuisine.

La laque a été appliquée à tout : depuis les objets les plus somptueux jusqu'aux plus ordinaires: depuis la vaisselle de table et de toilette, jusqu'aux purs objets d'art; depuis les plus grands meubles jusqu'aux plus frêles bibelots.

Elle tient une place considérable dans la décoration des édifices religieux; aussi bien dans les objets du culte que dans l'ornementation architecturale.

On cite notamment la galerie extérieure du temple
consacré à la mémoire de Yemitsu, à Nikko, dont le
plancher — sur lequel on ne marche que pieds nus —
est en belle laque noire; et, dans le même endroit, le
pont sacré, en laque rouge, pont que la procession
ne franchit qu'une fois par an.

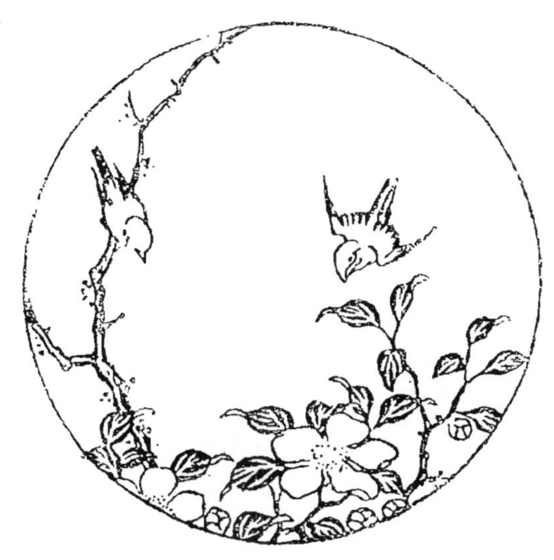

LES ARTS GRAPHIQUES.

Le papier.

Les Japonais ont fait usage du papier longtemps avant nous. Déjà vers la fin du vi^e siècle, sous le règne de l'impératrice Suiko, il est question d'un prêtre coréen qui importa de nouveaux procédés pour sa fabrication.

Quelques siècles plus tard on signale l'existence de trois espèces de papier : *Mashi, Hishi et Kokushi,* d'autres encore, toutes fabriquées avec certaines plantes dont on fait usage aujourd'hui. Les matières qui entrent dans la composition du papier sont empruntées uniquement au règne végétal.

C'est d'abord le mûrier, *mitsu mata* en japonais (Edgeworthia papyrifera) qui sert à faire les plus belles qualités; le *gampi* (Wikstrœmia canescens) qui donne un papier auquel les vers ne s'attaquent jamais ; le *kôzo* (Broussonetia papyrifera) et le *To-roro* (Hibiscus) dont les racines contiennent un jus précieux.

Les trois principales espèces de papier, fabriquées de nos jours avec ces plantes, sous le nom commun de *kami* ou *riohi*, sont : le *Danshi*, lisse ou rugueux; le *Hoshio* de la province de Yechizen, et le *Sugihara* de Harima; puis viennent les espèces suivantes : le *Hagi* (Lespedeza cyrtobotrya), le *Higaki* (Picrasma ailanthoides) le *Yanagi* (Salix japonica) le *Sugi* (sorte de Cryptomeria). le *Hinoki* (Chamæ cyparis obtusa) et aussi le bambou.

On prend les tiges coupées de ces végétaux à la longueur d'environ trois pieds, et la première opération qu'on leur fait subir est de séparer le liber[1] des deux autres enveloppes dont l'écorce est formée et qui ne servent que dans les qualités inférieures, en les immergeant dans l'eau bouillante.

A plusieurs reprises on lave ce liber, on le pétrit et on le sèche au soleil jusqu'à ce qu'il devienne absolument blanc. On le fait alors bouillir dans une lessive de cendres de sarrazin pour en extraire la gomme et la résine.

On sépare alors les fibres dont on ôte les nœuds trop durs, puis on frappe avec des maillets en bois. La pâte est alors prête pour la cuve où on la mélange à une certaine quantité d'eau, on ajoute de la fleur

---

1. Liber : une des trois enveloppes qui forment l'écorce, et la plus voisine de l'arbre.

de riz, un peu de gomme provenant de l'écorce du *Nori noki* (Hydrangea paniculata) ou du liquide mucilagineux qu'on extrait de la racine du *Tororo*.

Des claies faites en lattes de bambou très minces maintenues par des fils de soie ou de chanvre, sont plongées dans la cuve où elles se couvrent de pâte d'une manière égale, au moyen d'un mouvement de va-et-vient qu'on lui imprime. On sort de là des feuilles que l'on fait égoutter, que l'on presse et qu'on étend sur des planches pour achever de les sécher.

On obtient les beaux papiers de tenture en répandant sur la feuille encore humide une poudre composée de colle forte et de coquillages pulvérisés. Ou bien encore on saupoudre de mica pulvérisé.

D'une solidité à toute épreuve, ce papier prend quelquefois l'aspect d'un cuir repoussé, richement décoré de superbes dessins en relief et en couleurs, où l'or domine généralement.

Pour l'estamper, on le froisse d'abord afin de l'assouplir, on l'étend, au moyen de brosses très dures, sur une planche où sont gravés en creux les dessins que l'on veut reproduire.

La grande solidité du papier japonais vient de ce que les fibres dont se compose la pâte ne sont pas complètement désagrégées, mais seulement broyées.

Le papier, qui sert à faire des livres, des cahiers, des registres, des albums, sert aussi à fabriquer une multitude d'objets; il remplace les vitres dans les maisons; on en garnit les châssis à petits carreaux

Kozo (Broussonetia papyrifera).
Mitsu mata (Edgeworthia papyrifera).
Tororo (Hibiscus).   *Gampi* (Wickstrœmia).

(*karakamis*) servant de séparations intérieures dans les appartements; il sert à tapisser les murs. Vernis, il imite le cuir; huilé, il devient imperméable, et s'emploie pour les parapluies et les manteaux de pluie water-proof; roulé très fin, c'est une ficelle; plus fin encore, c'est un fil qui entre, avec le coton, dans la fabrication des tissus.

On en fait des lanternes, des éventails, des mouchoirs de poche, des affiches, des cerfs-volants, des fleurs artificielles, etc.

On en fait ces jolis paravents variés, gais, commodes, si artistiques parfois, si charmants toujours.

La partie la plus délicate de leur exécution est évidemment le collages de feuilles peintes; la réussite en est toujours parfaite, bien que les ouvriers travaillent accroupis sur la natte, c'est-à-dire dans les conditions les plus défavorables à notre point de vue.

Là, éclate le goût japonais d'une façon incontestable, autant dans le choix des peintures devant se trouver rapprochées, que dans celui des papiers et des étoffes brochées, aux couleurs harmonieuses, qui encadrent chaque panneau.

Rien n'est laissé au hasard. La disposition des marges — à l'inverse des nôtres, plus larges en haut qu'en bas — les différents filets qui les encadrent, sont le résultat d'études et de calculs savants que nos ouvriers ignorent complètement.

Une foule d'objets usuels légers et résistants sont fabriqués avec une espèce de papier mâché nommé *ikambari*.

Un curieux emploi du papier est celui qu'on en fait pour le moulage des masques. On procède ainsi : on enduit le modèle d'huile, puis on colle dessus, en le mouillant, un papier mince et souple ; on en met jusqu'à trente épaisseurs, en observant exactement les moindres détails du masque.

On laisse sécher, puis on met de la terre glaise des deux côtés ; on brûle le papier qui laisse son empreinte dans le moule en terre, et on y coule la matière dont on veut faire de nouveaux masques.

La fabrication des écrans et des éventails exige une énorme quantité de papier.

La tradition fait remonter à la fin du VIIe siècle, l'invention des éventails ; il paraîtrait que c'est en observant les ailes des chauves-souris qu'on pensa à créer cet objet de première nécessité pour un Japonais ; de là le nom de *Kuvahori* (chauve-souris) qui servit pendant longtemps à le désigner.

Le nom moderne est *Sensu*.

Les principaux centres de cette production, — qui est énorme, — sont Kioto, Owari, Osaka, mais ce sont les éventails et les écrans (*Utschiwa*) de Tokio qui sont les plus renommés.

Ils sont faits d'ivoire, d'écaille, d'un certain bois dur tiré de la Chine et surtout de bambou.

Chaque classe de la société a le sien, il en est même qu'on doit porter dans certaines circonstances.

Il y a l'éventail noble qui ne se replie pas, et l'éventail de combat, tout en fer, qui faisait partie de l'appareil formidable du guerrier d'autrefois.

Il y a l'éventail de l'acrobate et celui du prestidigitateur, maniés avec tant de grâce par l'un, qui ne s'en sépare jamais pendant l'exécution de ses exercices les plus périlleux, et par l'autre, qui en fait un usage si particulier, l'employant pour jongler avec des œufs, des toupies, ou pour faire s'envoler et se poursuivre des papillons blancs en papier, jeu qui fit fureur dans nos cirques, il y a quelques années, au moment où l'éventail à secret, portant un poignard dans une de ses branches, fit son apparition.

Mais si les éventails de cérémonie sont l'œuvre de véritables artistes, l'éventail courant, sans autre valeur que sa commodité et son bon marché, fabriqué généralement par des femmes, est l'objet d'un grand commerce.

On sait le nom du prêtre qui inventa l'écran *outchiwa* au xviie siècle; plus répandu encore que l'éventail, c'est par millions que les exportateurs en ont inondé toute la terre, à ce point qu'il serait difficile d'y rencontrer quelqu'un qui n'ait tenu entre ses mains un de ces légers et gracieux objets. Les décrire serait superflu, mais comment ne pas admirer l'adresse de l'ouvrier qui ignore la machine-outil, et n'a qu'une lame mince pour diviser en tout petits brins le bambou qui sert de squelette à ce brimborion.

Les ménagères emploient l'écran à toute sorte d'usages pour lesquels il ne semble pas avoir été fait. Se balançant suspendu à un fil, c'est un chasse-mouches; agité au-dessus du foyer, c'est un soufflet; ou bien encore il tiendra lieu de pelle pour ramasser la poussière, et c'est lui qui remplacera la sébille du mendiant. (Voir la *Marchande de sourires*.)

Un mot sur la fabrication des livres.

Chaque volume contient un certain nombre de feuillets pliés en deux, dont les bords parallèles à la pliure et reliés par un fil forment le dos : exactement le contraire de nos brochages.

Le pli n'est pas coupé; le feuillet reste double; il n'est imprimé que sur l'une et l'autre des surfaces extérieures qui forment le *verso* et le *recto;* — c'est bien dans cet ordre qu'il faut désigner les deux côtés du feuillet puisque ce qui pour nous serait le dérnière page du livre est, là, celle qui le commence.

Chaque page est encadrée par un filet. Sur la marge de droite du recto et celle de gauche du verso, c'est-à-dire exactement dans le pli, se trouvent : 1° en haut, le titre de l'œuvre, 2° au milieu, le numéro de la page, et 3° en bas, le nom de l'éditeur; et le volume fermé, ces indications zèbrent la tranche en l'agrémentant. Les feuillets sont simplement cousus ensemble en même temps que la couverture de carton mince gaufré.

Ce mode de brochage n'est possible qu'avec le papier parfaitement souple et solide que fabriquent les Japonais.

Les papiers japonais sont employés en Europe de préférence à tout autre pour les tirages de luxe par nos artistes et nos éditeurs.

Encre de Chine.

Les Japonais, qui ont assimilé l'art calligraphique à l'art du dessin, l'ont de tout temps tenu en grand honneur; ils ne se servent pas de plumes pour écrire, ni de crayons pour dessiner; ils ne connaissent que le pinceau, et l'emploient avec l'encre dite de Chine.

Au moyen âge, c'était le *Thoshiro*, ou département des Archives, qui avait le privilège exclusif de la fabrication de l'encre. Cette fabrication est restée la même de nos jours, mais l'industrie privée s'en est emparée.

Deux procédés : l'un a pour base le noir de fumée végétal, et l'autre n'emploie que le noir de lampe. Ce dernier donne le meilleur résultat.

On obtient le noir végétal en brûlant du pin très résineux sur le sol, dallé d'une petite construction en maçonnerie, divisée en plusieurs compartiments ; les parois sont recouvertes de papier grossier, sur lequel se dépose le noir.

Le noir de lampe est plus coûteux, mais bien préférable comme emploi. Pour l'obtenir, on place sur une étagère un grand nombre de soucoupes contenant de l'huile de Gama ou de colza et une mèche allumée; on les recouvre d'un vase de forme conique, percé d'un trou au sommet. Il faut recueillir le noir très souvent, sinon il se détériore.

Quel que soit le noir que l'on emploie, on le mélange, par un minutieux pétrissage, avec de l'eau et de la colle bouillies ensemble. Puis on met cette pâte dans des moules où elle se trouve comprimée.

Elle est ensuite placée pendant quatre heures dans de la cendre mouillée, puis tout un jour dans de la cendre seulement humide, enfin trois jours dans de la cendre sèche.

Il ne reste plus, alors, qu'à laver dans l'eau pure et à polir. Cette encre s'améliore en vieillissant.

Pinceaux.

Il est généralement admis que les pinceaux ont été inventés en même temps que le papier. On se servit d'abord des poils de lapin et de cerf, et la postérité a conservé le nom d'un des premiers fabricants : Kohôski.

Avec la cendre provenant du son de riz brûlé, l'ouvrier frotte dans ses mains, par petites quantités, les poils dont il doit se servir, afin de les bien dégraisser. Puis il les assortit et les lisse avec un peigne de cuivre très fin.

Suivant la dimension ou la qualité des pinceaux qu'il veut faire, il prépare une couche de poils plus ou moins épaisse, les colle ensemble, avec une solution d'algues marines nommées *Funori*, et laisse sécher.

Il examine alors s'ils sont bien régulièrement disposés, enlève, avec un couteau, ceux qui sont défectueux, puis les réunit en forme de cône effilé. Il les lèche à plusieurs reprises pour bien les unir, et les lisse soigneusement du dos et du tranchant d'un couteau. Enfin, il les lie avec un fil de lin, et les colle dans un petit tube en bambou au moyen de la susdite solution d'algues marines. Il termine en les peignant encore et les lissant entre ses doigts.

Voici le fabricant de pinceaux établi dans sa boutique, à laquelle un énorme spécimen de l'objet qu'il met en vente sert d'enseigne, et des pots remplis de pinceaux appellent le client.

La position, pour écrire, est loin de ressembler à la nôtre : le pinceau est tenu verticalement entre les

deux premiers doigts, appuyés sur le pouce qui reste immobile. La main ne touche pas le papier et le bras s'appuie sur la main gauche.

L'écrivain est assis sur ses talons; il a devant lui une petite table très basse; près de lui, sur la natte, se trouvent sa pierre à écrire, un bâton d'encre de Chine et un de vermillon, un poinçon, un canif, un égouttoir en métal, etc. Tous ces menus objets trouvent place dans l'écritoire, petite boîte en laque.

Exceptionnellement, on se sert d'un appui-main fait d'un morceau d'ivoire, d'os ou de bambou, ayant

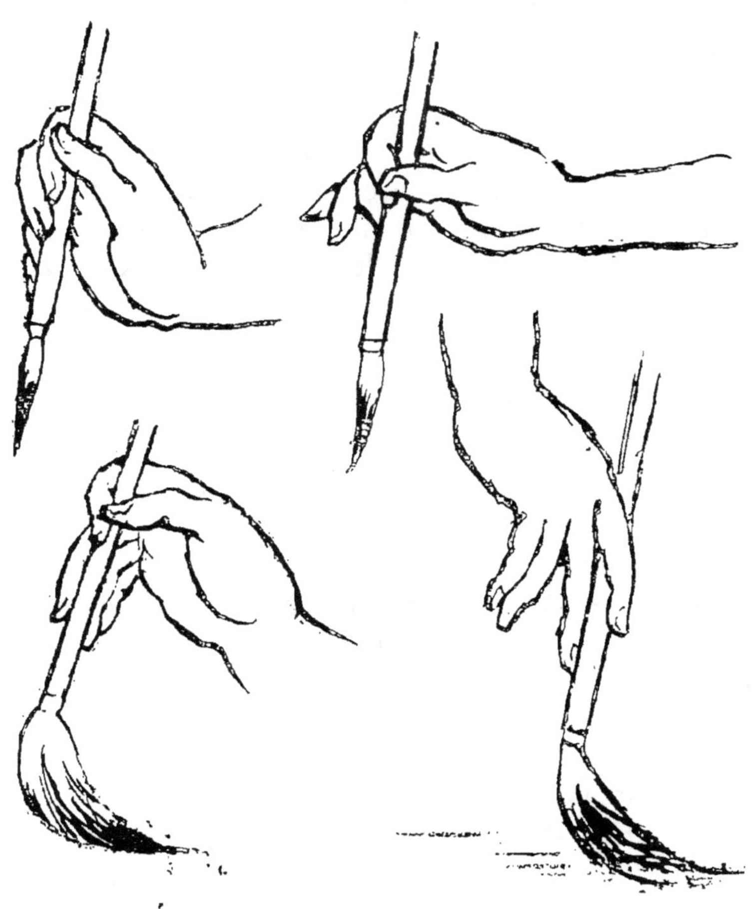

la forme d'une tuile étroite et évasée, en faïence le plus souvent.

Pour les travaux qui demandent peu de soins, la table est supprimée, le papier est posé à plat sur la natte, où l'écrivain est agenouillé et plus ou moins allongé sur les coudes, la main gauche soutenant le poignet.

De là une attitude toute différente pour enseigner l'écriture.

La mère ou le maître guide l'enfant, non en lui conduisant la main, comme chez nous, mais en tenant, par le bout du manche, le pinceau qu'il dirige.

On enseigne de même à dessiner; ces deux études sont simultanées.

Les images.

GRAVURE. — IMPRESSION.

Gravure. — Il n'y a pas de pays au monde où le peuple, jusqu'aux plus basses classes, soit aussi familiarisé avec les arts du dessin, et où il se fasse une aussi grande consommation d'images et d'ouvrages illustrés.

On dépasserait le sommet neigeux du Fuzi-Yama, en empilant les romans, les ouvrages d'éducation, les relations de voyage, les traités d'histoire, de religion, les albums représentant les scènes de théâtre, etc., qui ont été publiés depuis des siècles.

Les caractères mobiles étant inconnus, il a fallu

graver en relief tout le contenu de ces livres ; texte et images sont tracés au pinceau sur un papier transparent et très mince, collé à l'envers sur le bois, que l'outil du graveur attaque en passant au travers du papier.

Ce procédé évite à l'artiste la peine de dessiner à

Graveurs sur bois.

l'envers directement sur le bois, ainsi que cela se faisait chez nous avant l'application de la photographie sur bois.

Pour table de travail, le graveur, accroupi sur le sol, a un petit banc sous lequel ses jambes repliées trouvent juste leur place.

Il tient solidement son outil de la main droite, et en dirige la lame avec le médium de sa main gauche.

La station accroupie qui, pour tout autre qu'un Japonais, serait intolérable, est d'usage général chez les sédentaires, littérateurs, artistes et artisans. Ils y sont accoutumés dès l'enfance, et l'on verra plus loin que, dans certains corps de métier, tels que forgerons, menuisiers, et vingt autres, les ouvriers y trouvent un grand avantage ; leurs pieds, n'ayant plus à les soutenir, apportent à leurs mains un très précieux concours.

Impression des images. — Le matériel nécessaire à l'impression des images est des plus sommaires et ne tient pas beaucoup de place. En voici la liste :

1° Deux tablettes en bois, mesurant soixante centimètres sur quarante-cinq, l'une horizontale supportée par deux tasseaux, l'autre, légèrement inclinée, comme un pupitre.

La première de ces tablettes sert pour le mouillage des feuilles, qui s'impriment sur la seconde à l'aide de tampons spéciaux pour chaque couleur.

2° Des tampons, disques de carton mince de douze centimètres de diamètre, enveloppés d'une feuille de bambou ligneuse, parfaitement tendue d'un côté et tordue de l'autre, en deux cordelettes qui se rejoignent et se nouent pour servir de poignée — car la mécanique n'a rien à voir ici, tout se fait à la main, et l'imprimeur se livre à toutes ces opérations assis sur ses talons.

3e Deux ou trois mortiers en fer et en porcelaine (*suri-batchi*) avec leurs pilons (*suriko-ki*), beaucoup de petits pots, de godets pour les couleurs, et c'est

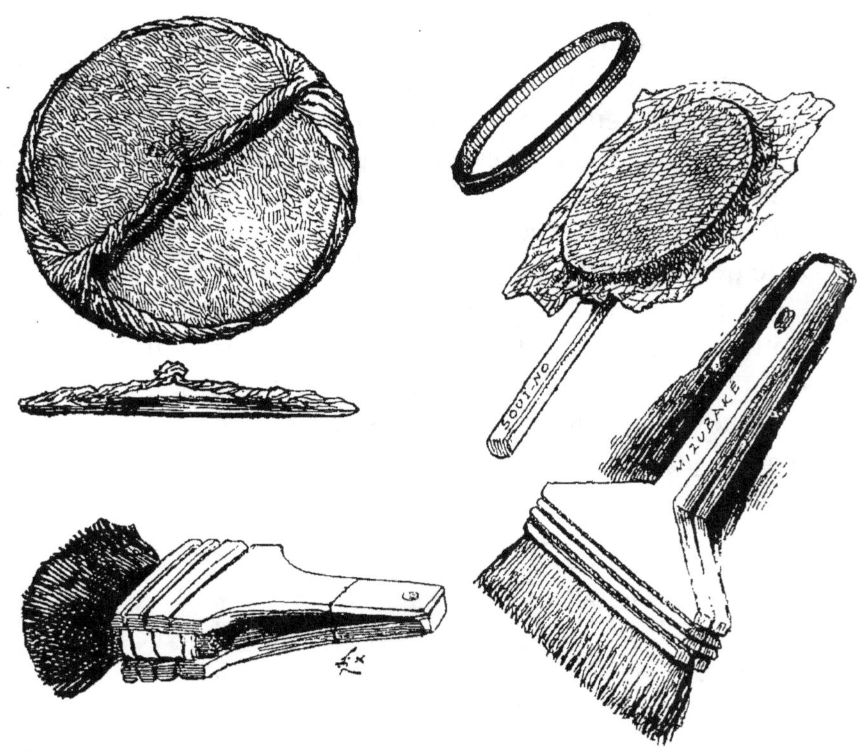

Matériel servant à l'impression des images.

tout, avec les brosses qui sont de deux espèces, l'une plate pour humecter le papier avant le tirage, les autres plus dures et plus fournies (*haké*), qui servent à étendre la couleur sur les parties du bois laissées en relief par le graveur. C'est ce qu'en terme d'im-

10.

primerie on nomme l'encrage; pour cette opération très délicate, on emploie encore une pièce de mousseline tendue sur un petit cerceau en bois à manche (*soui-no*); la couleur est distribuée plus également à l'aide de cet objet que par le moyen des brosses qui, bien qu'elles soient d'un emploi plus fréquent, sont d'un maniement plus difficile.

La construction de ces brosses est assez curieuse. Les manches sont en bois et de deux sortes : l'un est fait d'une planchette découpée et fendue de manière à ce que les poils, liés par des crins tressés sur trois rangs, se trouvent serrés comme dans un claquoir. Pour l'autre qui est plus épais, on a dû employer deux lames de bois reliées aussi par du crin.

Nous allons donner la liste des couleurs les plus usitées pour cette impression :

Tamango, jaune clair.	*Tatsutsi*, blanc d'argent.
Toka, marron foncé.	*Chiaï*, vermillon.
Aï, bleu foncé.	*Taïcha*, brun rouge.
Kusa, vert laitue.	*Murasaki*, violet brillant.
Yama buki, orange clair.	*Sumis*, noir.
Yubana, blanc mastic.	*Beni*, laque brune.

La composition de cette dernière couleur n'est connue que de son inventeur, qui en garde précieusement le secret.

Les couleurs, broyées dans des mortiers, sont délayées dans l'eau froide — sauf le *murasaki* qui veut de l'eau bouillante — et mélangées avec une solution de *mioban* (alun), et de *nikana* (colle de peau).

Le mélange des couleurs se fait sur une palette en bois.

Chaque feuille, ayant été humectée, est posée sur la gravure en relief, et on frotte avec les tampons, en tournant légèrement, sans trop appuyer, d'abord, et sans taper. Il faut une grande adresse pour bien placer les feuilles sur les repères obtenus par le moyen d'encoches faites aux quatre coins du bois ; dès qu'elles sont imprimées, il est nécessaire de les mettre sous presse afin d'éviter le gondolement.

Les couleurs vives et franches s'obtiennent en passant chaque fois une légère couche de colle de riz sur le bois avant d'y étendre la couleur. Les tons, sans cela, restent toujours un peu sourds.

L'imprimeur japonais a d'autres ressources, il emploie les poudrages d'or et d'argent et l'impression à sec, donnant des gaufrages qui parfois viennent heureusement souligner les contours du dessin. En somme, avec des moyens très primitifs, l'imprimeur japonais obtient des résultats qui n'ont jamais été dépassés ailleurs ; les opérations qu'il doit accomplir sont si minutieuses, demandent une si grande expérience et un tel soin, que l'on peut bien dire qu'il a autant de mérite à bien tirer une planche que le graveur en a à la graver, et sa part de collaboration dans la production de l'œuvre peut se comparer à celle de l'acteur récitant bien son rôle ; lui aussi est un artiste.

Cuirs décorés.

Le *Hinuji kawa*, ou cuir de Hinuji, tire son nom de la localité où il est fabriqué, dans la province de Harima.

Il est le plus souvent orné de dessins estampés en relief, obtenus par le moyen de plaques de cuivre où sont gravés en creux les ornements, fleurs ou oiseaux, dont on veut avoir la représentation en relief sur le cuir.

Coloriés d'abord avec des vernis, on y ajoute l'or et l'argent nécessaires à la composition,

Ainsi décorés, ces cuirs servent à faire de menus objets : boîtes, blagues à tabac, etc.

Le *Some kawa* ou cuir teint se fabrique surtout à Tokio. Ici le procédé usité pour la décoration diffère du précédent. Les dessins ne sont pas estampés. Ils sont obtenus à l'aide de réserves ménagées sur le cuir qu'on a eu soin d'appliquer au préalable sur un cylindre. La matière colorante dont on se sert est liquide d'ordinaire; cependant on a recours parfois au noir de fumée; le cuir ainsi façonné prend le nom de *Kusube kawa*. Ce dernier procédé est fort ancien; il était employé pour l'ornementation des armures.

L'*Uzura kawa* est un cuir ondulé que l'on obtient en l'entourant de fils solides alors qu'il est fixé sur le cylindre. On le plonge ainsi dans la teinture et on le soumet ensuite à l'action de la fumée.

Les couleurs les plus usuelles sont le bleu indigo et le rouge foncé, et d'autres qui sont ainsi composées :

Le vert : indigo et jus extrait des fleurs de carthame.

Le jaune : décoction d'écorce de *jumi*.

Le noir : eau ferrugineuse et noix de galle.

Le rouge : décoction de carthame et de bois rouge du Brésil.

La couleur connue sous le nom de *kobicha* (jaune paille) s'obtient simplement en exposant le cuir à la fumée de paille et de bois de sapin. Il en est de même de celles nommées *kuri iro* (marron), à base d'acide rouge de fer, et *tobi iro* (brun rouge) qu'on tire du bois rouge du Brésil et qu'on traite ensuite avec la fumée de paille seulement.

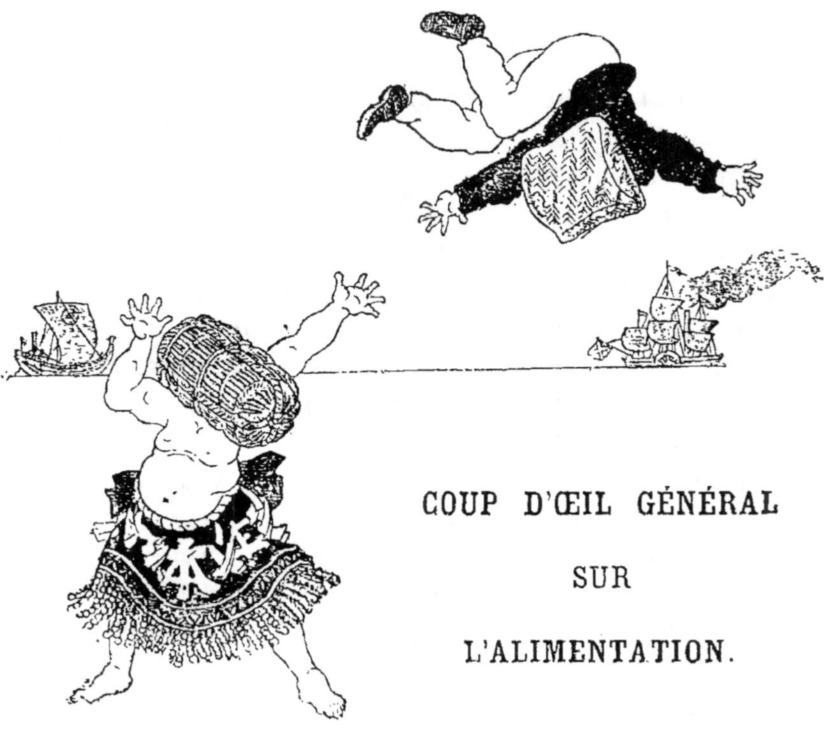

COUP D'ŒIL GÉNÉRAL

SUR

L'ALIMENTATION.

Que mange-t-on au Japon? Il serait peut-être plus simple de commencer, avant de répondre à cette question, par dire ce qu'on ne mange pas.

Les Japonais n'ayant pas de prairies, tous leurs terrains étant convertis en rizières et en vergers, ont fort peu de bestiaux, partant pas de viande de boucherie, pas de graisses, pas de lait, pas de beurre, pas de fromage.

Ils n'ont que peu de froment, qu'ils utilisent sous une autre forme qu'en Europe et ne connaissent pas le pain, non plus que la pomme de terre, remplacée chez eux par la patate

Ils n'ont ni bières, ni vins, ni café et ne boivent en mangeant que du thé; le *saké*, boisson fermentée vient ensuite, et c'est tout.

Les préparations culinaires sont extrêmement compliquées; il faut jusqu'à vingt-quatre heures pour faire un plat: les cordons bleus japonais n'ont pas de cuisine *vite faite;* tous les aliments demandent des préparations, des macérations, des cuissons, toutes sortes de combinaisons savantes qui prennent beaucoup de temps. On les dresse ensuite dans une infinité de petits ustensiles amusants et gracieux. Seul, le riz qui en quelque sorte remplace le pain et sert d'accompagnement à tous les plats, est présenté dans une grande boîte ronde à couvercle en laque.

Tout est pour eux prétexte à pièces montées, à arrangements pittoresques. Les mets sont dressés avec goût, mariant leurs couleurs agrémentées de verdure qui en relève les tons variés; c'est comme une orfèvrerie culinaire, exécutée pour le plaisir des yeux.

Les poissons crus, découpés en filets minces, sont disposés sur des lamelles de verre, notamment le *taï* qui est le poisson le plus apprécié, la célébrité du Japon.

Ils ont de la volaille et des œufs, du gibier, des légumes magnifiques, dont quelques-uns même atteignent des dimensions colossales, des plantes marines comestibles en abondance, qu'ils assaisonnent d'une certaine sauce appelée *shoyu.* Puis viennent les pâtes de haricots, les saumures variées, beaucoup de confitures, des gâteaux de riz, etc.

Ce qui distingue les cuisiniers japonais, c'est leur

extrême propreté : ja-
mais ils ne touchent
les viandes avec les
doigts, mais avec des
baguettes spéciales.

Leur installation
est peu compliquée :
un fourneau, des

Thé et gâteaux.   Paysanne faisant la cuisine.
Makoura.   Hibashi.   Chandelier.   Bol de riz.   Fiole à saké.

11

marmites, des bouilloires, des cuillers à pot, ayant la forme de très petites casseroles, des baquets sur des tréteaux, un mortier, un pilon, des plats, des théières, des bols, beaucoup de bols, forment à peu près tout leur bagage.

A la campagne, c'est plus simple : dans le plancher est pratiquée une grande ouverture carrée, fermée par une trappe à coulisse. Un trou est creusé dans le sol; c'est là qu'on fait le feu, au-dessus duquel, descendant du plafond, sont suspendues les crémaillères.

Ce que l'on mange.

LE RIZ.

L'agriculture était en grand honneur autrefois au Japon. C'était, dans l'antiquité, l'unique occupation des hommes.

Depuis, à mesure que la société se forma, cet état de choses se modifia du tout au tout et des divisions s'établirent au nombre de quatre :

Les *Nô*, cultivateurs; les *Shi* ou *Samuraï*, militaires; les *Kô*, industriels; les *Shô*, marchands, commerçants.

Malgré cela, les cultivateurs formaient encore la majorité, de même que le riz tient toujours la première place parmi les produits agricoles.

Le terrain de culture est de deux sortes : les terrains secs et les terrains humides; ces derniers sont entièrement affectés aux rizières qui couvrent à elles seules une superficie plus grande que celle

Pileurs de riz.

consacrée à toutes les autres cultures céréales ou potagères réunies.

D'autre part, une superficie à peu près double de celle des rizières est prise par la culture du mûrier et du thé.

Le Japon possède deux sortes principales de riz : l'*Uruchi*, riz ordinaire, et le *Mochigome*, riz glutineux. Ces deux familles se divisent chacune en trois autres : le riz hâtif, le riz moyen, le riz tardif.

Du riz ordinaire on tire les aliments, de la levure, du *saké*, du vinaigre. Réduit en farine, il sert à faire des conserves alimentaires ; bouilli, puis séché, il échappe à l'attaque des vers et se conserve très longtemps : c'est le *Hoshi*.

Le riz glutineux s'utilise pour la confection des gâteaux et la fabrication de la liqueur appelée *mirin*. On en extrait aussi un amidon pour les teinturiers, et une imitation de verre.

Avec la paille de riz on fabrique des toitures, du papier, des cordes, des nattes, des sandales, des balais, des chapeaux ; les chevaux la mangent ; c'est une excellente litière pour les bestiaux ; pourrie, elle sert d'engrais.

Le riz est la richesse du Japon ; c'est la base de l'alimentation.

Une image satirique représente la lutte des objets indigènes contre les objets importés : ceux-ci triomphent de tout, sauf du riz qui écrase tous ses concurrents.

On le sème à la volée, et on l'arrose pendant la nuit, de façon à le couvrir de quatre ou cinq centimètres d'eau, hauteur que la plante atteint au bout de cinquante jours.

On l'arrache alors pour le repiquer par petites bottes, que l'on coupe facilement plus tard avec une faucille.

On cultive aussi une espèce de riz dans les terrains secs, mais il est de qualité inférieure. On l'appelle riz des champs.

Rien n'est charmant comme l'aspect des rizières. Dans un cirque de collines dentelées de pins tortueux, des groupes d'hommes et de femmes sont courbés et travaillent, ayant de l'eau jusqu'à mi-jambe.

Le terrain se divise en un damier immense dont les cases, un peu longues, sont séparées par des chemins plus élevés que le sol cultivé et submergé.

C'est l'époque du repiquage et l'on se hâte, sous le beau soleil clair qui anime le paysage.

De loin en loin s'aperçoivent des épouvantails à moineaux. Les uns sont formés d'une planchette sur laquelle sont suspendues de minces lamelles de bois que le vent fait cliqueter. D'autres représentent un paysan avec son arc bandé, son manteau et son chapeau de paille.

Toute cette verdure aux nuances très tendres est reposante et contraste agréablement avec le fouillis plus sombre des arbres qui font une coquette et superbe ceinture à cette fraîche vallée.

CÉRÉALES ET LÉGUMES.

L'orge, le froment, le seigle donnent de la farine dont on fait des gâteaux et une sorte de pain.

La paille sert à fabriquer une foule de menus objets; en outre, on en fait des chapeaux, des manteaux pour les bateliers et les paysans; on en recouvre les toitures, etc.

Le millet et le sarrazin servent à l'alimentation des gens de la campagne.

Le maïs se mange en épis bouillis ou grillés, ou en farine.

Le *Mame* (haricot) se mange cuit ou réduit en farine; tous les déchets, cosses, tiges et feuilles servent de nourriture aux chevaux.

L'*Azuki* (Phaseolus Mungo) sert à faire des gâteaux. Sa farine a la propriété de dégraisser les étoffes.

Les racines de lotus (Nelumbium speciosum) sont très délicates; elles fournissent en outre de l'amidon.

Le *Daïkon*, sorte de radis, se sert bouilli, puis séché ou râpé; les feuilles se mangent également.

Les carottes, de diverses espèces, se mangent fraîches ou salées, ainsi que les feuilles, qui portent alors le nom de *Haningin*.

Le *Gobo* (Lappa edulus) se confit ou se prépare cuit.

Les patates sont délicieuses bouillies ou grillées; on en extrait de l'eau-de-vie et de l'amidon.

Le *Kashu* (Dioscorea japonica var.), le *Naga imo* (Dioscorea japonica var.), le *Jinen jo* (Dioscorea japonica var.), le *Tsuku imo* (Dioscorea japonica var.) sont des tubercules que l'on fait cuire; en les râpant et les pilant, on en tire une espèce de gruau que l'on mange avec une sauce. On obtint aussi de l'amidon.

L'*Imo* (Colocasia antiquorum), qui a de nombreuses variétés, se mange cuit. On peut le faire sécher pour le conserver.

Au printemps, on couvre les tubercules de terre pour les faire germer, et l'on mange les petites pousses. Dans la variété dite *Hasu imo*, la tige seule peut se manger. Une autre variété, le *Koniaku* (Amorphaphallus Konjac), donne une excellente fécule.

Le *Kurwaï* (Sagittaria sinensis) pousse dans les terrains marécageux et se mange cuit ainsi que le *Kuro guwaï*.

Les racines de lis sauvage et de lis cultivé fournissent un très bon aliment. Celles du lis cultivé sont meilleures et donnent une fécule qui peut se conserver.

Les racines tuberculeuses du *Choro-gi* (Stachys affinis) ressemblent à des chenilles. On les conserve dans du vinaigre de prunes, ainsi que les bulbes de l'ail et de l'oignon.

Le *Fudenso* (litt. herbe non interrompue) Chrysanthemum coronarium) est un bon légume ; son nom vient de ce que les feuilles repoussent à mesure qu'on les cueille.

La *Tissa* (laitue) est bonne crue ou cuite.

Le *Mitsu ba* (Cryptolœnia canadensis) et l'*Udo* (Aralia edulis) s'obtiennent en couvrant, en hiver, leurs racines d'un fumier végétal. Le premier donne une sorte de pomme, le second des pousses comestibles et des bourgeons servant d'épices.

On accommode crues ou cuites les jeunes feuilles du *Junsaï* (Brasenia peltata), qui pousse à l'état sauvage dans les marais et les étangs.

L'oignon cuit est considéré comme légume ; haché cru et encore vert, c'est un condiment.

Le *Haha hige* (Kochia scoparia) et l'*Akaza* (Cheno-podium album) sont des plantes dont rien ne se perd. Les jeunes feuilles sont comestibles, les tiges et les branches du premier, une fois séchées, font des balais; les tiges du second fournissent des cannes.

Le *Warabi* (Pteris aquilina), le *Zemmai* (Osmunda Regalis), le *Mioga* (Zingiber Mioga) sont des plantes sauvages précieuses; les jeunes tiges se cuisent ou se salent pour la conservation; les racines donnent de l'amidon, les vieilles tiges font des cordes.

Le *Nasu* (Aubergine), d'un noir violacé, avec des variétés blanches, jaunes ou vertes, est un légume fort apprécié; c'est une des plus grandes ressources de la cuisine japonaise.

Le *Fuki* (Fetasites japonicus) vient à l'état sauvage, mais on le cultive aussi; c'est un légume agréable, dont les fleurs servent d'épices sous le nom de *Fuki nota*.

Les fleurs du *Rioki Kiku* (Pyrethrum sinense) se mangent avec du vinaigre et du sucre: on peut les sécher pour les conserver.

Le noyau du *Chosen mugi* (Coix lachryma) donne de la farine.

Les racines du *Kudzu* (Pueraria Thunbergiania), précieuse plante sauvage, fournissent de l'amidon, ses feuilles conviennent aux bestiaux, ses fibres servent à fabriquer des tissus.

Plusieurs des légumes que nous venons de passer en revue atteignent des dimensions extraordinaires, il en est de même des cucurbitacées parmi lesquelles il convient de citer le *Kuiri* (concombre), le *Makourouri* (melon), le *Tonasou* (potiron), etc.

PLANTES MARINES.

Il semble ressortir de la longue énumération qui précède, de ces appropriations curieuses de racines ou de feuilles dédaignées chez nous, du grand nombre de plantes sauvages utilisées, qu'au début le Japon a dû subir de fréquentes disettes, qui ont poussé les habitants à rechercher, avec leur ingéniosité habituelle, les végétaux bons à manger. Ces disettes ont dû provenir du peu de bestiaux que possède ce pays, ce qui faisait reposer, avant l'ouverture des ports au commerce étranger, toute l'alimentation sur les récoltes. Que l'une vînt à manquer et la famine sévissait; aussi nulle part n'a été poussé plus loin l'art de l'appropriation culinaire; on utilise maintes et maintes choses dédaignées ou inconnues ailleurs; d'où la grande quantité de plantes marines que les Japonais ont fait entrer dans leur consommation. En voici quelques-unes :

Porphyra vulgaris. Pour les recueillir, on enfonce verticalement au bord de la mer des branches qui arrêtent les algues; celles-ci grandissent sur ces branches et sont cueillies à maturité.

Alaria pinnatifida. On les sèche pour les livrer au commerce.

Le Laminaria saccharina se mange bouilli, grillé

ou séché, ou encore réduit en lames étroites. On en exporte beaucoup pour la Chine.

Le Capea elongata se sèche et se conserve très longtemps. Cette plante a rendu de grands services en temps de famine.

Le Cystoseira et l'Enteromorpha compressa se sèchent également et se conservent.

Le Gelidium corneum se conserve séché, après l'avoir bien lavé à l'eau douce. Pour le manger, on le plonge dans l'eau bouillante, où il se dissout. On filtre le liquide, on laisse refroidir : cela forme une gelée que l'on coupe. C'est un mets réservé pour les fortes chaleurs.

Lorsqu'on veut le conserver pour l'été suivant, on expose cette gelée au froid d'une nuit d'hiver ; il se congèle et se durcit.

On l'utilise aussi pour la pâtisserie et pour certains plats.

Cette plante sert, en outre, pour la fabrication du papier et de plusieurs autres choses.

L'Halochloa macrantha se sale et se mange avec du vinaigre.

Le Kaliimenia dentata, le Phillederum sacrum, le Nemalion vermiculara, le Mesogloia decipiens, le Codium tomentosum se mangent séchés ou salés : on emploie souvent la cendre pour leur conservation, etc.

LE POISSON.

Les nombreux cours d'eau qui sillonnent le Japon, et surtout la mer qui baigne ses côtes, constituent pour lui un garde-manger immense, inépuisable et bien fait pour satisfaire l'ichtyophage le plus exigeant. On fait une consommation énorme de poisson, et dans le nombre il y en a d'excellents. Le *Taï*, à l'égal des espèces les plus renommées, brille au premier rang. Viennent ensuite :

Le *Luzuki*, qui se pêche de préférence à l'embouchure des fleuves.

Le *Katsuwo* et le *Ne na120nako* se conservent en étant soumis à la vapeur, puis séchés ; le dernier se mange aussi cru.

L'*Ayu*, le *Fuma*, sorte de carpe, se conservent grillés et séchés.

L'*Uni* se mange salé et se conserve.

Le *Shira uwo*, petit poisson très délicat.

Le *Sake* se sale et se fume ; salé, c'est le *Shiwo biki* ; fumé, c'est le *Fusube sake*.

Le *Nishin* (hareng) se sale et se fume ; les œufs se mangent séchés ; on les nomme *Kazu noko*.

Le *Tako*, le *Sidako* se mangent frais, mais peuvent être séchés pour la conservation et l'exportation.

Le *Koi*, très grand poisson d'eau douce, est très savoureux.

Le *Tara* (morue) se mange salé ou séché ; son huile s'emploie en médecine.

Le *Namako* se mange cru. On en fait en Chine une grande consommation. Pour l'exporter on le soumet à la vapeur, puis on le fait sécher.

Les œufs de plusieurs poissons forment une sorte de caviar qui porte le nom de *Karasumi*.

Le *Suppon* est une tortue exquise.

L'*Ise Yebi* est une grosse écrevisse d'eau douce que l'on conserve par la dessiccation.

L'*Avabi*, dont la coquille sert d'ornement, est un gros coquillage qui, séché entier, s'exporte beaucoup pour la Chine, sous le nom de *Hoshi awabi*. On peut le sécher en tranches minces, de même que le *Sazac*, dont la coquille sert aux mêmes usages.

Le *Hamaguri* est tout petit; sa coquille s'utilise aussi fréquemment.

Le *Fugu* (Tetraordon histrix) est un poisson vénéneux, laid et difforme, dont la puissance toxique est telle que les Japonais las de vivre y ont recours de préférence à tout autre mode de suicide; l'effet est foudroyant une demi-heure à peine après l'ingestion.

LES FRUITS.

Le Japon possède plusieurs variétés de bananier, dont deux, outre les fruits, donnent une matière fibreuse propre à fabriquer des étoffes. Le bananier ne se trouve que dans les régions très chaudes.

Le *Mume* (prunier) possède une foule de qualités

diverses, dont on tire le plus grand parti. Les prunes se conservent salées; on en fait des confitures, de l'eau-de-vie. Les fleurs de prunier, salées, servent à faire une sorte de thé.

L'eau salée qui a servi à conserver les prunes et qui a pris un goût aigre, prend le nom de vinaigre de prunes. On s'en sert pour faire des conserves de légumes et pour colorer les métaux.

Le *Momo* (pêcher) se divise en plusieurs espèces dont une, le *Kan momo*, est très précieuse, car ses fruits, après maturité, peuvent rester sur l'arbre jusqu'à l'hiver.

Le *Ringo* (pommier), le *Nashi* (poirier), le *Hebi itsigo* (fraisier) ont d'excellents fruits.

On fait cuire les fruits très âcres du *Kuwarin* (cognassier) avec du miel et du gingembre.

Le *Biwa* (Bibacier) donne de petits fruits jaunes qui se mangent crus; ceux du *Nagabiwa*, de la même famille, sont ovales.

Le *Natsumé* (Jujubier), le *Kemponashi* (Hovenia dulcis), le *Toshi*, l'*Icho* (Ginkgo biloba), le *Hashi-bami* (Noiselier), le *Shii* (Quercus cuspidata), le *Hischi* (Trapa Cispinosa), donnent tous des fruits comestibles sous diverses formes; le dernier est aquatique, son nom signifie macre flottante.

Les fruits du *Kaya* (Torreya nucifera) servent à faire des gâteaux et donnent de l'huile.

Le *Kurumi* (noyer) produit de bons fruits dont on tire de l'huile.

On tire le même parti qu'en Europe des fruits d^{u}

Kuri (châtaignier); une de ses variétés, le *Sando guri*, fournit jusqu'à trois récoltes par an.

Plusieurs espèces de *Yakuso* (grenadier) et de *Mikan* (oranger) donnent de bons fruits. Le *Unshumikan* produit de grosses oranges sans pépins, comme celles de Bahia, au Brésil.

Le *Kaki* (Diospyros Kaki) a des fruits doux et des fruits âcres ; les premiers se mangent crus, les autres deviennent meilleurs en les mettant pendant un certain temps dans un tonneau ayant contenu du *Saké* ou encore en les plaçant dans un tonneau neuf et en versant dessus de l'eau chaude aromatisée avec des feuilles de *Tade*.

Une variété de *Kaki*, le *Shinano Kaki*, donne le *shibu* (vernis employé à divers usages, notamment dans la fabrication de la laque).

La vigne (*Budo*) est connue au Japon. Une variété sauvage, le *Yamabudo*, pousse dans les montagnes et dans les climats froids; elle est une précieuse ressource pour les habitants, malgré l'infériorité de ses fruits.

LES CHAMPIGNONS.

Toutes les variétés de champignons viennent à l'état sauvage, à l'exception du *Shütake* que l'on obtient de la façon suivante :

On pratique des incisions dans un tronc de *Shü*, on le mouille et on le laisse dans un endroit sans lumière.

On voit bientôt apparaître le champignon qui s'appelle, suivant la saison, au printemps *Haruko*, en été *Natsuko*, en automne *Akito*. Séché, il se conserve longtemps.

Le *Shoro* et le *Natsutaké* viennent dans les forêts de pins; le premier préfère les terres sablonneuses. Le *Shimeji funji* et le *Hadsudaké* poussent indifféremment dans les forêts ou les plaines.

Le *Kawataké* croît dans les bois, dans l'ombre la plus profonde; son parfum est très agréable, son goût exquis; on le conserve séché.

Le *Kikuragé* pousse sous n'importe quel arbre, mais les meilleurs se trouvent à l'ombre du mûrier, du *Nire* et du *Niwa toku*.

L'*Iwataké* ne se trouve que dans les montagnes abruptes et sur les rochers escarpés; on le conserve séché.

Il y a encore une dizaine d'espèces ne présentant aucune particularité.

ÉPICES, CONDIMENTS, HUILE ET MIEL.

Le *Shoyu* est, de toutes les sauces, la plus répandue, voici comment on le prépare :

On grille du froment décortiqué, on le moud, on y ajoute des pois oléagineux (Soja hispida) bouillis et froids. On laisse ce mélange dans une chambre chaude, cela devient de la levure; on y met alors du sel en assez grande quantité, après lui avoir fait subir une certaine préparation ayant pour but de le purifier.

Cette levure, remuée trois fois par jour pendant trente mois, devient pâteuse; au bout de ce laps de temps, on la verse dans des sacs de coton que l'on presse pour filtrer le liquide.

On le fait alors bouillir, puis refroidir; on le sépare de la lie et on le place, pour le conserver, dans de petits barils.

Le résidu mêlé à de l'eau et du sel, bouilli, reposé, filtré, sert encore, en le mélangeant dans de certaines proportions, à fabriquer une qualité inférieure de *shoyu*.

On emploie pour accommoder les mets :

Les graines de chanvre et de *keshi* (pavot) grillées.

Le *Tadé* (Polygonum japonicum), naturel ou salé, vert, râpé et mélangé avec du vinaigre; il sert de sauce pour le poisson.

Le *Chimpi* (écorce d'orange séchée).

Le citron et les fleurs du citronnier.

Le *Shoga* (gingembre), cru ou séché en poudre; on peut le saler et le confire.

Le *Wasabi* (Tutrema Wasabi), feuilles et racines.

Le *Togarashi* (piment) cru, grillé ou salé.

Le *Sansho* (Xanthoxylon piperitum). Tout sert dans cette plante, les feuilles, les graines et même l'aubier que l'on fait bouillir.

Huiles. — Le *Tojin mamé* (Arachis hypogda) et le *Goma* (Sesamum indicum) donnent une huile comestible, servant également à l'éclairage; leurs grains se mangent aussi grillés.

Diverses sortes de camélias donnent de l'huile parfois comestible, suivant sa fabrication.

Miel. — Le miel qu'on extrait des ruches d'abeilles, se nomme *Mitsuro*.

Ce qu'on boit.

LE THÉ.

Dans ce pays du merveilleux où tout a une légende, le thé a la sienne qui mérite d'être rapportée.

Dharma, un célèbre ermite, en grande odeur de sainteté au Japon et en Chine, était un si sévère observateur de la règle, fort dure, qu'il s'était imposée, que ses jambes pourrirent sans qu'il s'en aperçût, car il était resté pendant quatorze ans sans bouger, assis sur la terre dure.

Il s'était défendu le sommeil. Une nuit pourtant, il s'endormit et ne se réveilla qu'au jour. Indigné contre lui-même d'avoir fait preuve d'une telle faiblesse, il coupa ses paupières et les jeta loin de lui, comme de misérables tentatrices qui souillaient la sainteté à laquelle il aspirait.

Alors un miracle se produisit : ses paupières prirent racine à la place où elles étaient tombées, et un arbrisseau poussa, donnant des feuilles que les gens du pays cueillirent et dont ils firent une infusion parfumée qui chasse le sommeil.

C'est en l'an 1200 qu'un bonze, nommé Eséi, rapporta de Chine de la graine de thé qu'il sema sur la montagne de Sifuri, province de Chikuzen.

Cette culture réussit, et l'usage du thé s'imposa si bien, qu'en l'an 1400 un *shôgun* ordonna à un seigneur de sa suite de faire de nouvelles et immenses plantations.

Pourtant on dit que, dès l'an 729, on connaissait le thé, mais comme une rareté de grand prix, réservée pour les hauts personnages dans les occasions solennelles.

Primitivement, on pulvérisait les feuilles de thé, après les avoir plongées dans l'eau bouillante et séchées au soleil; ce thé se nommait *Udeaha*.

C'est en 1570 qu'un marchand inventa l'appareil qui sert pour griller le thé. Cet appareil, nommé *Hairo*, ne devint d'usage général que beaucoup plus tard. Aujourd'hui, en raison de l'extension prise par l'exportation, on emploie les procédés chinois qui sont beaucoup plus expéditifs. Ce même marchand inventa aussi les treillages qui protègent l'arbuste contre les gelées blanches de l'hiver.

Au Japon, tout le monde prend du thé plusieurs fois par jour; on en offre à chaque visiteur; il est presque aussi indispensable que le riz. On se sert pour les usages courants de thé en feuilles.

Le thé en poudre est réservé pour la cérémonie du *Tcha-no-yu* dont nous allons parler; ce thé est littéralement pulvérisé, et doit être impalpable; il se divise en deux qualités : le *Koï Cha* et le *Usu Cha*.

Les *sourimonos* nous ont légué quelques documents sur cette coutume du *Tcha-no-yu*, qui a pour but de resserrer les liens de l'amitié.

Les livres ne contiennent que peu de renseignements sur cet antique usage qui ne manque ni de grandeur ni de caractère.

La préparation du thé (*Tcha*) a ses grands prêtres, nommés *Tcha-jin*, qui étudient l'art de servir le thé en grande cérémonie, comme on étudiait l'étiquette autrefois dans une cour souveraine d'Europe.

Ils ont d'ailleurs affaire à de fins connaisseurs, auxquels une faute n'échapperait pas.

Les Japonais veulent, pour le *Tcha-no-yu*, que les ustensiles soient en poteries anciennes et sortent des mains d'artistes connus; leur œil a, pour les reconnaître, acquis une éducation particulière.

Le thé en poudre, de première qualité, destiné à être conservé pour ces solennités intimes, est renfermé dans un double vase bien clos. Souvent même. ce double vase est lui-même rempli de thé ordinaire, afin de mieux concentrer le parfum de l'autre.

La réunion a lieu dans une pièce spéciale; lorsqu'on le peut, même, c'est un pavillon isolé dans le jardin, — le *Tcha-Seki*, — pavillon composé d'un salon, d'une antichambre et d'un cabinet nommé le *midzu-ya*.

Aucun serviteur n'aide le maître de la maison à en faire les honneurs ; il doit tout préparer lui-même.

D'abord, il va chercher dans le *midzu-ya* tous les ustensiles nécessaires, et ils sont très nombreux. Nous allons donner la liste des principaux :

1° La boîte à parfums (*Ko-bako*) :

2° La boîte renfermant le papier et l'encrier ;

3° Dans une corbeille, des morceaux choisis de charbon de bois ;

4° Une brosse pour parfaire le nettoyage de chaque objet ;

5° Un éventail formé de trois plumes (*mitzu-bi*) pour activer le feu ;

6° Des pincettes (*hibachi*);

7° Un bol (*hi-iré*) avec des cendres chaudes pour brûler les parfums; on en active la combustion au moyen de l'*hibachi*. Cette pratique a pour but de conjurer l'odeur du charbon;

8° Des anneaux (*Kama-shiki*) pour saisir la bouilloire, etc., etc.

Régulièrement, la durée de la cérémonie du thé ne peut excéder deux heures, pendant lesquelles il ne doit être question ni de religion, ni de politique; les propos scandaleux sont sévèrement bannis de la conversation et la plus complète égalité règne entre les invités, quel que soit leur rang.

Les invités, qui ne peuvent être plus de six, commencent par examiner les parfums et complimenter l'hôte sur leur qualité et sur la beauté de la boîte qui les renferme.

Elle est, suivant la saison, en laque ou en faïence, sans doute pour la meilleure conservation de son contenu.

Le maître de la maison lave les tasses lui-même et les essuie avec un *fukussa*, petit carré d'un tissu de soie d'un très grand prix, que l'on enferme dans un étui ou tube en porcelaine précieuse.

La table sur laquelle se font tous ces préparatifs est en bois de mûrier et mesure soixante centimètres de haut.

On pose dessus le *midzu-iré* plein d'eau pure, le *tcha-van*, théière, qui, soit en faïence, soit en porcelaine, est toujours d'un grand prix par son antiquité ; puis le *tcha-iré*, pot en terre avec couvercle en ivoire, renfermé dans une housse en brocard ancien, où l'on puise le thé en poudre avec une cuiller en bambou ; on le met dans un bol, on verse dessus l'eau bouillante, on agite avec le moussoir en bambou et on offre au premier invité qui en prend une partie, le passe au second, qui le passe au troisième, etc. Dans cette préparation, la poudre de thé s'avale aussi.

Les *Tcha-jin* ont leurs ustensiles à eux, renfermés dans une boîte en laque, appelée *nassumé* ; elle contient une partie des objets précédemment décrits. Lorsqu'on fait présider le *tcha-no-yu* par un *Tcha-*

jin, le maître de la maison prend le rôle passif d'un invité ; mais la cérémonie est bien plus appréciée, les invités sont bien plus honorés, lorsque c'est le maître lui-même qui officie.

Les *Tcha-jin* sont bien rétribués, mais d'une façon discrète ; et ce n'est pas un prix fixe ; mais, sous forme de présent, on leur offre ce dont la fortune du maître lui permet de disposer ; c'est un peu à la façon dont on agit en France avec des artistes très recherchés.

Les femmes ont aussi leurs *Tcha-no-yu,* qui diffèrent peu de ceux des hommes.

Pour les usages ordinaires, le thé se prépare d'une autre façon. On met le thé dans la théière, soigneusement ébouillantée ; on verse dessus un peu d'eau *ayant bouilli, mais ne bouillant plus :* on remue avec le moussoir, on jette cette première eau, destinée à emporter l'âcreté du thé ; on verse alors, en quantité suffisante, de l'eau à la même température précédemment indiquée, on laisse infuser cinq minutes.

Le thé ne se multiplie que par semis. Il lui faut un climat tempéré et le voisinage des cours d'eau. Une légère pente lui est favorable.

Les graines se sèment en cercle, sont recouvertes de terre, puis d'une couche de son de riz, qui les protège des gelées blanches.

La cueillette se fait au commencement de l'été ; on enlève les jeunes feuilles ; on recommence au bout d'un mois.

On porte la récolte dans l'endroit où elle subit les diverses préparations.

On trie d'abord les feuilles, puis on les soumet à l'action de la vapeur, en les posant sur une claie placée au-dessus d'une cuve pleine d'eau chauffée à deux cents degrés; on recouvre la claie pendant quinze secondes pour le thé en feuilles et trente secondes pour le thé en poudre.

On retourne alors les feuilles, on les évente, on les place dans une corbeille afin de refroidir, et on les évente de nouveau pour les empêcher de jaunir et de perdre leur saveur.

Le *hoïro*, appareil à sécher le thé, a la forme d'un rectangle long. Le cadre extérieur est en bois; l'intérieur est recouvert d'un crépi. On y allume du charbon de bois dur et du charbon de bois tendre sur lequel on fait brûler de la paille, dont la cendre atténue l'action trop directe du feu.

Au-dessus du foyer, des barres de fer soutiennent un grillage en fil de cuivre, sur lequel se pose un séchoir en papier et en bois.

On met les feuilles dans ce séchoir, en les roulant dans les mains, ce que l'on fait jusqu'à ce qu'elles se rident et soient à peu près sèches; on les transporte alors sur un autre *hoïro* dont le feu est moins ardent, afin de compléter leur dessiccation.

On les met ensuite dans un tamis en fil de cuivre, on les frotte avec la paume de la main pour en séparer les pétioles, on les vanne et on en fait trois qualités, que l'on crible plus ou moins.

Il y a dix sortes de claies en bambou de plus en plus fines.

Le thé commun se crible une fois; les thés supérieurs, de cinq à sept fois; le thé en poudre, jusqu'à dix fois. La préparation de cette dernière qualité est beaucoup plus minutieuse d'ailleurs.

Il est très difficile de conserver au thé en poudre son arôme et sa couleur.

En juillet, une fois les opérations terminées, on le soumet pendant plusieurs heures à l'action d'un feu doux, puis on l'étend sur un plat et on l'agite pour le refroidir.

On le met ensuite dans un pot que l'on remue pour obtenir un tassement, on met le bouchon, et on le recouvre de plusieurs feuilles de papier liées autour du goulot.

On porte alors ce pot au premier étage du magasin, dans une chambre bien aérée, où il reste à l'abri de la chaleur et de l'humidité.

Au mois d'août, on le soumet encore à l'action d'un feu doux pour le ressécher, et cette opération se répète en novembre, février et mars suivants. Il est donc séché cinq fois, et, ainsi préparé, il se conserve parfaitement jusqu'à la récolte suivante.

La qualité des pots influe beaucoup sur la conservation du thé; il faut que la pâte en soit fine et la cuisson suffisante.

Les meilleurs sont ceux de Koshigaraki-Kobizen et de Kótamba.

Pour le transport par terre, il suffit de l'enfermer dans des boîtes en bois de *Kiri* (Paulownia imperialis). Pour traverser la mer, on l'enferme dans des boîtes en fer-blanc, recouvertes d'une enveloppe en bois de cryptomeria japonica.

En petite quantité, on peut le conserver dans des flacons en verre bouchés avec de la poix. On peut encore faire séjourner ces flacons dans l'eau d'un puits ou d'une source.

Le thé en poudre si difficile à conserver est placé dans un flacon en étain, bouché hermétiquement, qu'on renferme dans une boîte en *kiri*, où on l'entoure de thé commun. Ce mode de conservation s'emploie aussi pour le thé supérieur en feuilles.

LE SAKÉ.

Le *saké* est une liqueur essentiellement japonaise. C'est une eau-de-vie fabriquée avec du riz. Les meilleurs *sakés* sont ceux d'Ikéda et d'Itami.

Il faut d'abord décortiquer d'excellent riz, le laver à quatre reprises à grande eau dans un tonneau, puis le jeter dans un panier où on l'arrose encore d'eau pure. On le verse alors dans un autre tonneau, où on le laisse séjourner pendant six heures dans l'eau, puis on le retire et on le soumet à l'action de la vapeur. On l'étend ensuite sur des nattes pour le faire un peu refroidir.

Puis on l'enveloppe dans les nattes et on le porte dans une cave dont la température doit avoir quatre-vingts degrés. On le mélange avec du riz moisi : au bout d'un jour, le tout est couvert de moisissure.

On peut alors le faire fermenter de deux façons qui donnent deux liqueurs différentes, l'une nommée *Moto*, l'autre *Saké*.

La première fermentation s'obtient par un mélange de riz, d'eau et de levure. Elle dure dix jours en été et vingt jours en hiver.

La seconde s'obtient avec un mélange de moût, de riz, de levure et d'eau.

On agite ce mélange cinq ou six fois par jour avec une grande cuiller ; la fermentation commence aussitôt. Au bout de six jours, on le verse dans une autre cuve et l'on arrête la fermentation. Le liquide prend alors un goût sucré ; on le laisse reposer pendant douze jours, on le fait refroidir complètement et on le filtre à travers des sacs de coton.

On laisse déposer la lie, on décante le liquide que l'on fait bouillir, et on le conserve dans des tonneaux hermétiquement bouchés.

Le *Shiro mirin* est un *saké* sucré, indispensable à l'assaisonnement des plats japonais. Au lieu du riz ordinaire, il se fabrique avec du riz glutineux.

Après les préparations préliminaires du lavage et de la vapeur, décrites plus haut, on l'étend sur les nattes, puis lorsqu'il a atteint, en se refroidissant, la température voulue, on le mélange avec de la levure et de l'esprit-de-vin. On l'agite dans un tonneau bien bouché, et on renouvelle cette opération tous les huit jours pendant deux mois.

On le transvase, on le passe, on le place dans un autre tonneau où il repose pendant quinze jours.

On lui donne une belle couleur rougeâtre en y ajoutant une certaine quantité de *kumenshu,* qui n'est autre que du *Shiro mirin* fortement réduit par l'ébullition.

La liqueur nommée *Yoro-shu* est du *Mirin* mêlé à des plantes aromatiques.

LE TOSSO.

Le *tosso* est un breuvage dont on ne fait usage que rarement à l'occasion de certaines fêtes, plus particulièrement le jour de l'an. Un peu amer au goût, les Japonais lui trouvent cependant un parfum agréable.

A défaut de renseignements précis sur la nature des plantes qui servent à le composer — on sait seulement qu'il y entre de la cannelle — voici la légende du *tosso :*

Jadis il y avait en Chine un solitaire, dont l'unique occupation dans la grotte où il était retiré était l'étude de la philosophie de Laotseu.

Un jour, un vieillard sordide vint lui demander à boire et à manger.

Ayant reçu du solitaire un accueil excellent, le vieillard sordide, avant de reprendre sa route, lui tint ce discours.

« Je suis le dieu des maladies épidémiques. Toutes

les fois qu'un peuple est atteint par une de ces maladies, c'est à moi qu'il la doit, et personne jusqu'ici n'en a trouvé le remède. Eh bien ! en échange des services que vous m'avez rendus, je vais vous enseigner un moyen très efficace de vous mettre à l'abri du désastre.

Il lui indiqua alors certaines plantes ainsi que le moyen de les traiter pour en tirer une sorte d'élixir qui, bu le 1er janvier, devait servir de préservatif assuré pour l'année entière.

Resté seul, le solitaire n'eut rien de plus pressé que de faire part de la précieuse recette qui venait de lui être confiée aux habitants des environs ; ils en parlèrent à leur tour aux habitants plus éloignés ; c'est ainsi que, de proche en proche, l'usage du *tosso* se propageant arriva jusqu'au Japon, où bien peu de gens ont conservé le souvenir de son origine.

Ce qu'on fume.

LE TABAC.

Déjà redevables aux Portugais de la graine du coton, les Japonais reçurent d'eux ensuite celle du tabac. Cette culture prit une si grande et si rapide extension que le gouvernement dut intervenir pour la réglementer.

Actuellement plus de douze provinces en produisent

par grandes quantités, car tout le monde fume et la consommation est considérable.

Les deux espèces de tabac japonais sont le Nicotiana Chinensis et le Nicotiana tabacum.

Comme chaque pays a ses procédés particuliers pour la culture de cette plante, nous allons donner un rapide aperçu de ceux employés jusqu'ici au Japon.

Le terrain, exposé au sud, doit être bien labouré. Les semis faits, on les recouvre de fumier très menu. Lorsque la plante paraît hors de terre, on l'arrose avec un engrais liquide, après avoir enlevé le fumier. On éclaircit s'il y a lieu, on repique, on fume plusieurs fois.

Dès que les fleurs se forment, on les coupe; on supprime également toutes les petites branches secondaires. Pour avoir des graines, on laisse fleurir.

Au mois de juillet, la plante jaunit, c'est le moment de la récolte. Les feuilles d'en bas donnent une qualité inférieure; elles sont cueillies douze ou quinze jours d'avance et mises à part. Les feuilles de choix bénéficient de cette élagation : ce sont celles du milieu; celles du sommet, ainsi que la tige, donnent aussi un tabac secondaire.

Le séchage est assez compliqué. D'abord, pour le faire jaunir complètement, on empile le tabac sur le sol, sous un hangar, on le recouvre de nattes et on le laisse trois jours. Une fois jaunies, on suspend les feuilles dans une pièce bien aérée; au bout de deux semaines on les expose pendant deux ou trois jours au soleil et deux nuits à la

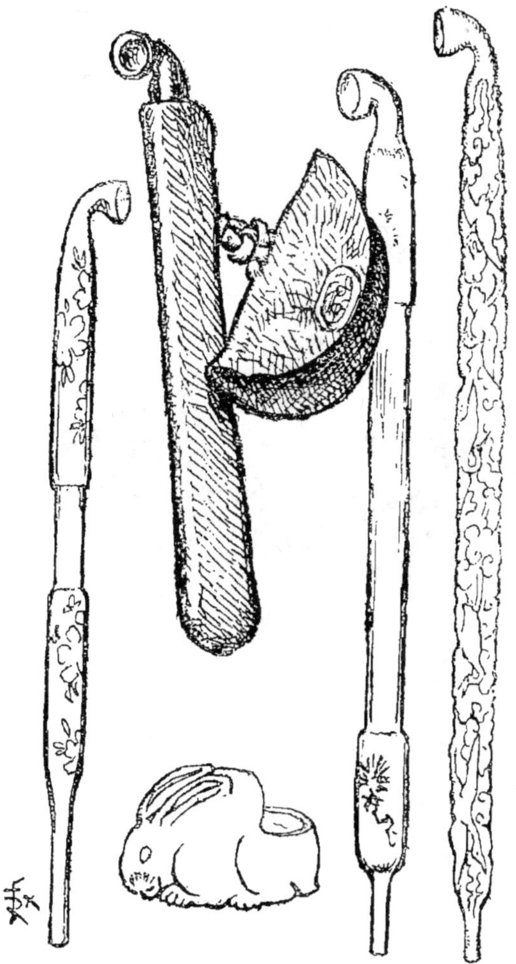

Pipes en métal, l'une dans l'étui avec sa blague.

rosée, afin qu'elles absorbent une certaine humidité.

Ensuite on les étire, on les réunit en petits paquets par les pétioles, on les met sous presse et, quelques jours plus tard, on les enferme dans un lieu bien sec.

L'opium est à peu près inconnu au Japon.

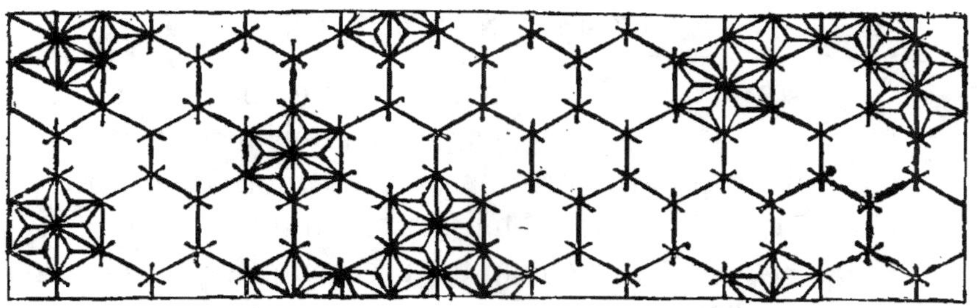

MIDORI NO SATO.

Un coin de Japon aux portes de Paris.

« Ne vous semble-t-il pas que le soleil est votre allié ? disait Mme d'Arbois à son amie, la comtesse de Mayrial, tandis qu'un fringant équipage les emportait à travers bois. Le temps met une véritable coquetterie à vous seconder dans votre présentation du petit paradis vers lequel nous nous hâtons...

— Et je l'en remercie; une maison japonaise sans soleil serait incomplète; une seule chose pourrait le remplacer, ce serait une de ces pluies diluviennes comme il en tombe là-bas et qui ont inspiré les artistes japonais d'une manière si divertissante.

Ces dames se rendaient à *Midori no sato*, ce coin de Japon éclos non loin de Paris, et dont il a déjà été dit un mot dans un Chapitre précédent (¹).

(¹) Décoration de la maison européenne.

La voiture roulait à l'ombre d'une voûte de feuillage, à travers laquelle, par de mystérieuses trouées, le soleil se jouait, juste assez pour motiver les fraîches ombrelles aux tons clairs, d'un si joli effet sous les arbres. Les élégantes promeneuses pour cette longue excursion, s'étaient fait accompagner de leurs maris.

Si, en quittant Paris, le chemin leur avait paru manquer de charme à travers la laide banlieue de la rive gauche, elles étaient amplement dédommagées maintenant qu'on était entré dans les bois.

De Meudon à Versailles, c'était une succession ininterrompue de beaux ombrages aux teintes variées, avec des échappées délicieuses, et de légères montées, qui ne semblaient là que pour faire admirer plus longement le paysage, en ralentissant un peu l'allure rapide des deux trotteurs.

A droite et à gauche, le regard plongeait dans les chemins ou les sentiers, tapissés de mousse aux tons veloutés verts ou rose, fuyant sous des voûtes surbaissées de feuillage sombre ; parfois une source, un étang à la surface glauque étoilée de larges feuilles de nénufar.

C'est un peu après Versailles que se trouve *Midori no sato*, dont le nom, qui signifie « la colline de la fraîche verdure », se lit en caractères japonais, au-dessus d'un portail rustique, à l'entrée d'une belle allée de grands chênes.

Les deux vantaux de ce portail sont garnis de clous saillants en fer et en cuivre, et sont encadrés par

trois poutres, plus longues chacune que la porte elle-
même, de façon à former à leur rencontre un angle
droit par leur prolongement extérieur.

De ces trois poutres les deux verticales sont rondes,
l'autre est carrée et revêtue de manchons de bronze
à ses extrémités.

Deux petites portes latérales donnent passage aux
piétons.

Dès que le landau se fut engagé dans la large
avenue montueuse, apparut, à travers les arbres,
blottie dans la verdure, la silhouette élégante et
trapue à la fois de la maisonnette, but de cette exploration.

Le maître de la maison — l'intelligent voyageur
qui a su mettre à profit ses courses à travers le monde
pour en rapporter tant de souvenirs exquis, sous une
forme captivante et spirituelle — était venu au-devant
de ses hôtes.

Nous les laisserons échanger poignées de mains et
salutations, et nous partirons seuls, à l'aventure,
pour explorer ce délicieux séjour, expression pas-
sionnée d'une admiration sincère, rêve de million-
naire épris de belles choses, ce que l'on peut appeler
enfin de *l'art en action*.

Tout près de la porte à gauche, un escalier dont
chaque marche est formée par un mince tronc d'arbre
couché, va rejoindre un raccourci qui coupe plus
loin l'avenue. Un haut talus rustique formé de roches
moussues, à travers lesquelles pousse une herbe
vigoureuse, borde le chemin de ce côté; ce talus est

coiffé de jeunes arbres déjà touffus. A droite, au delà
d'un bourrelet gazonné, court une pente assez rapide
qui se creuse en vallon, rebondit pour se recreuser
plus loin, jusqu'à une pièc e d'eau dont les contours si-

nueux se per-
dent dans la
« colline de la
fraîche ver-
dure ».

On embrasse
cela d'un ra-
pide coup-
d'œil et tout
en marchant
sous l'épais
ombrage des
chênes.

Des sentiers
trouent, à
droite. le ri-
deau d'arbres
et les jeunes
taillis ; l'un
d'eux mène au
bord de l'eau,
où s'ébattent joyeusement et bruyamment une foule
d'oiseaux aquatiques.

Grâce à la déclivité de la colline, ce premier bassin
est beaucoup plus élevé que les autres; ses eaux
passent sous un pont en laque rouge, à travers un

chaos de rochers et tombent d'une assez grande hauteur dans le bassin suivant.

Les rives en sont hérissées de rochers ou bordées de troncs d'arbres enfoncés dans le sol, comme de petits pilotis, ainsi que cela se pratique au Japon, pour empêcher l'éboulement des terres.

Du pont rouge où nous nous arrêtons, le regard, en s'élevant, s'arrête sur d'immenses pelouses parsemées de genêts et d'arbustes qui escaladent la colline pour aller mourir au pied de la mai-

son du maître, après avoir tendrement enveloppé la fine et délicate maisonnette japonaise où il ne manque au balcon, se détachant sur le fond blanc des châssis de papier, que quelques petites *mousmés* en robes éblouissantes pour que l'illusion soit complète.

De ci, de là, disséminés avec un art particulier, des bouleaux, des érables, de nombreuses variétés de pins, suivent les ondulations capricieuses de la colline.

Sans paraître en aucune façon apprêtée, la végétation se présente clairsemée et, de même qu'au Japon on fait un bouquet avec quelques fleurs seulement, et jamais en les empilant en bottes comme nous le faisons, ici, les arbres n'étant pas trop rapprochés con-

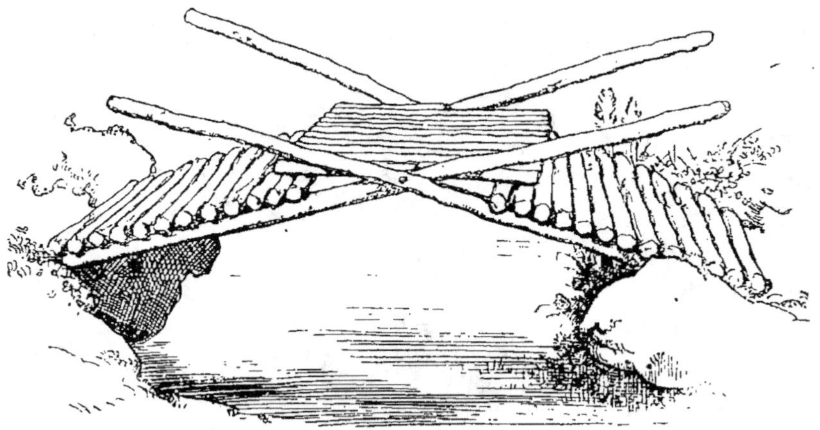

servent leur individualité, sans rien perdre de leur grâce et de leur caractère.

De divers points s'échappent des sources formant des ruisseaux qui dégringolent à travers un lit de rochers, passant sous maints petits ponts de bois, dont chacun mériterait une description spéciale.

Tout en haut, une grande grotte — sans doute l'habitation de la naïade de ce lieu charmant — s'enfonce dans la partie supérieure de la colline. Des lanternes de pierre se dressent à certains tournants, découpant leurs curieuses silhouettes grises sur le vert sombre des cryptomérias, ou s'avancent hardiment sur les pièces d'eau supportées par un bras de pierre recourbé.

En tournant le dos à ce spectacle, on a devant les yeux la vaste étendue de la pièce d'eau, miroitante sous l'ombre frissonnante des grands arbres ; en bas, à gauche, elle se contourne et fait un brusque crochet qui vient mourir au pied d'une colline dont la pente abrupte ferme l'horizon de ce côté, d'une très pittoresque façon.

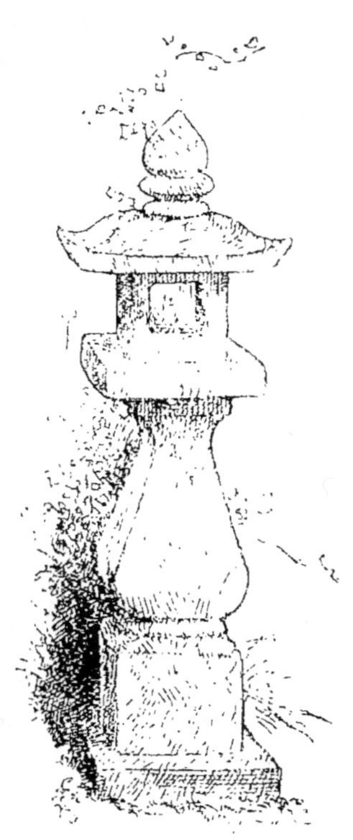

Sans être rassasiés de la vue des jardins, la maison nous attire, et, franchissant le pont laqué, nous arrivons à un autre pont tout à fait curieux.

De chaque côté deux poutres s'entrecroisant en X forment des angles obtus et aigus ; ce sont les assises du pont ; en travers, de minces troncs d'arbres, c'est le tablier.

Nous montons par des sentiers qui sont des escaliers tant la déclivité est accentuée.

Encore un pont : ce sont trois rectangles de pierre, grands dominos posés à plat sur les rochers qui sortent du ruisseau.

Ne nous attardons pas à admirer les lanternes enfouies dans la verdure, les plantes bizarres habillant

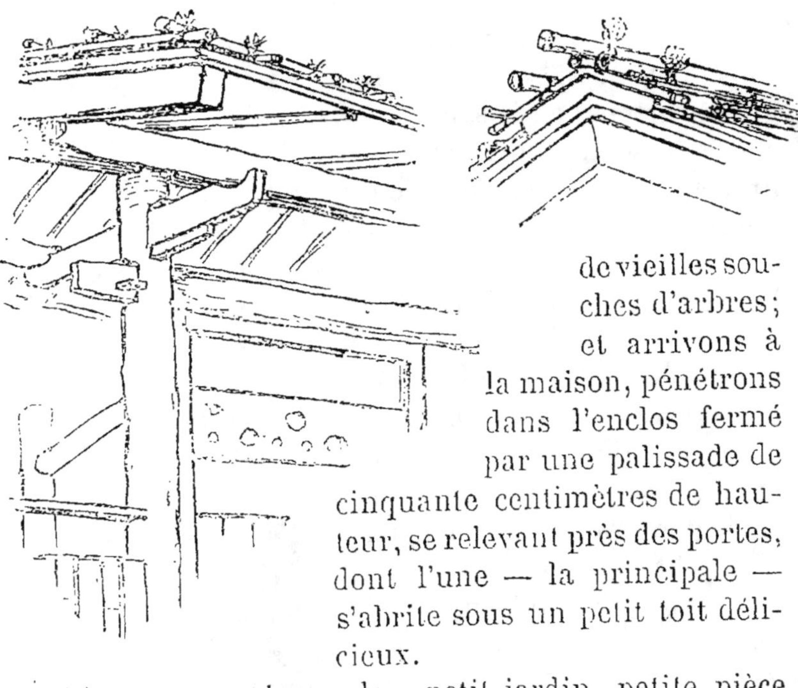

de vieilles souches d'arbres ; et arrivons à la maison, pénétrons dans l'enclos fermé par une palissade de cinquante centimètres de hauteur, se relevant près des portes, dont l'une — la principale — s'abrite sous un petit toit délicieux.

Là tout est minuscule : petit jardin, petite pièce d'eau, petites pelouses où des pierres plates remplaçant les sentiers sablés, indiquent le chemin, et nous conduisent à l'entrée de ce bijou qui s'appelle une maison japonaise.

Otons nos chaussures avant de poser le pied sur le

plancher en bois rouge du rez-de-chaussée, si poli, si
brillant, qu'il semble le dessus d'un meuble. Des
babouches s'offrent — c'est une
concession faite aux visiteurs
européens — dans le petit vestibule qui se trouve à gauche,
à l'entrée d'un cor-
ridor, qui entoure
complètement
les apparte-

ments comme une bague entoure le doigt.
Ce corridor devient un balcon lorsque les volets

sont enlevés et placés dans les armoires destinées à les recevoir ; à droite, la paroi est formée par les châssis glissant dans des rainures ; ce sont les murs des chambres : ils sont revêtus de papier blanc ayant l'aspect d'une étoffe d'un blanc mat.

Le soubassement est fait d'un lacis de feuilles minces d'un bois blanc rosé, comme la chair d'un fruit ; cela ressemble à de la vannerie avec des satinés charmants.

Nous pénétrons dans la première pièce. Voyons le dessin des châssis : là ce sont de petits losanges réguliers, mais ici le caprice reprend ses droits ; l'ouvrier a assemblé ses minces lames de bois blanc dans une ordonnance qui semble irrégulière au premier aspect, et retient l'attention en l'amusant. Au-dessus est une frise en bois rouge naturel, très mince, ajourée de dessins représentant des vols de grues.

Une partie de ces châssis s'appuie, à une hauteur de cinquante centimètres, sur une tablette en bois rouge verni, faisant saillie à l'intérieur et pouvant servir de siège.

Le dessous de cette tablette est fermé par de petits châssis à coulisse et forme une minuscule armoire.

Les nattes fines qui tapissent le sol doivent être très épaisses, car on croirait marcher sur un matelas : elles sont chacune bordées par un large galon bleu foncé.

La pièce où nous sommes est de huit *tatamis* (nattes). On ne mesure les chambres au Japon, qu'en comptant par nattes qui sont toujours de même dimension.

A droite, tout le long de la paroi, règne une sorte d'alcôve d'environ soixante centimètres de profondeur, dont le sol est surélevé de dix centimètres: elle est divisée en deux, dans toute la hauteur, par une légère cloison soutenue par un tronc d'arbre laqué formant pilier. Dans la première division sont accrochés deux *kakémonos* remarquables; à terre est un joli meuble où les tiroirs irréguliers sont multipliés.

Dans la seconde division règne une étagère de hauteur inégale, supportant de merveilleuses pièces de céramique de Satsuma, de Kutani et d'Eiraku. Tout en haut, une tablette, à quarante centimètres du plafond, est fermée par des châssis à coulisses couverts de jolis dessins.

D'ici, par les châssis largement ouverts, nous voyons — les volets étant tous ôtés — de magnifiques échappées du parc dont les pelouses, les escaliers, les ruisseaux dévalent joyeusement sous le beau soleil.

En relevant les yeux, nous voyons la frise du corridor formée d'un entrecroisement de minces baguettes de bois, d'un caprice surprenant et, revenant à la frise des chambres, nous sommes aussi surpris de sa fantaisie hardie.

La pièce voisine est la chambre à coucher; elle mesure six *tatamis;* elle est séparée de la pièce précédente par des *karakamis*, grands châssis semblables à des feuilles de paravents, et couverts de beaux dessins de plantes, à l'encre de Chine sur fond blanc.

Pour les faire manœuvrer avec le doigt, on a creusé de petites anfractuosités revêtues de laque.

La partie supérieure est à jour, sur une hauteur de soixante centimètres, et n'est pas mobile.

Une alcôve étroite règne également le long de cette

chambre et renferme, d'un côté, de petites armoires quadrangulaires fixées au mur, de hauteur inégale, ayant des portes à coulisses, la plus basse touchant terre et pouvant servir de siège; de l'autre côté, un grand placard pour serrer les vêtements et les paravents.

Dans les angles de la pièce pendent des cordons rouges terminés par des glands. A mi-longueur sont des agrafes destinées à soutenir la moustiquaire que l'on installe la nuit, pour protéger les dormeurs. Les clous sont cachés partout sous des ornements de bronze.

D'ailleurs, pas un meuble, ce qui ajoute à la couleur locale. Seulement, au-dessus de chaque alcôve, est suspendu un panneau de bois portant des devises en caractères japonais; les crochets qui soutiennent ces tableaux inclinés se perdent dans des coussins triangulaires en soie jaune devant protéger la bordure.

Sortons dans le corridor. A droite, se trouve un petit appartement secret dont le principal objet est une hotte en porcelaine bleue. La porte se ferme d'une façon aussi simple qu'ingénieuse; de petites traverses horizontales s'y appliquent extérieurement; deux en haut, deux en bas, trois au milieu.

L'une de ces dernières glisse, prise entre le pouce et l'index, et pénètre dans une sorte de pène creusé dans le chambranle; c'est une manière de loquet invisible.

A côté de cette porte, en dehors de la maison, sur un tronc d'arbre enveloppé de lierre et coupé à un mètre vingt environ du sol, est une grande vasque en faïence remplie d'eau, où trempe un minuscule tonnelet de bois à long manche servant aux ablutions; au-dessus, la petite serviette bleue, le *ténugui* se balance suspendu à un anneau.

Pour éviter de mouiller le plancher de la galerie, une claie de bambou le relie à la vasque, formant comme un petit pont de quarante centimètres.

Enfin on arrive aux dépendances; elles occupent tout un côté à l'arrière de la maison et sont séparées de l'appartement par le corridor-balcon. D'abord la chambre de bain avec sa baignoire de bois, grande cuve ovale à chauffoir et à couvercle; puis la cuisine, des plus sommaires, enfin, la chambre des domestiques.

Elle mesure quatre *tatamis*; elle est en longueur;

au fond, sur une console élevée est une réduction en bois d'un petit temple shintoïste avec deux statuettes, en bois aussi, représentant Otaï et Yébis, deux des dieux du bonheur; ils sont accompagnés d'une petite lampe et de porte-bouquets en cuivre. Au-dessus, une corde en paille de riz d'où pendent de petits brins de paille et de papier découpé ayant pour objet de conjurer les mauvais esprits; c'est le *gohe* shintoïste.

Au fond de cette chambre, un petit réduit où, sur deux étagères, les plateaux en laque et la vaisselle s'entassent, de formes et de dimensions variées, en belles faïences aux couleurs gaies.

Nous voici revenus au vestibule où nous attendent nos chaussures que nous reprenons sans enthousiasme, tant cette visite nous intéresse, tant il y a d'art dépensé dans cette construction simple qui dénote, dans chaque détail, un goût personnel au lieu du travail machinal et routinier.

Avant de partir, nous faisons connaissance avec l'ouvrier-artiste que l'on a amené du Japon pour exécuter ce chef-d'œuvre, et nous le félicitons de tout cœur, avec le regret de ne pouvoir lui demander de recommencer, pour nous, tout ce que nous venons d'admirer.

La nuit tombe, la voiture roule ramenant rapidement les quatre visiteurs qui se communiquent leurs impressions.

Rien de ce qui les entoure n'attire plus leur attention, ils sont encore tout à leurs récents souvenirs.

« Depuis que j'ai entrepris de vous faire connaître le Japon, dit la comtesse à son amie, nous avons voyagé un peu à l'aventure, dans un pays charmant. Chemin faisant je vous ai révélé un art admirable, et nous avons rencontré de vrais, de sincères artistes.

— Et je vous en suis bien reconnaissante.

— En toute sécurité, observa M. de Mayrial, nous pouvons dire que nul ne réussit mieux qu'eux, avec autant de puissance et de grâce, à saisir les côtés in-

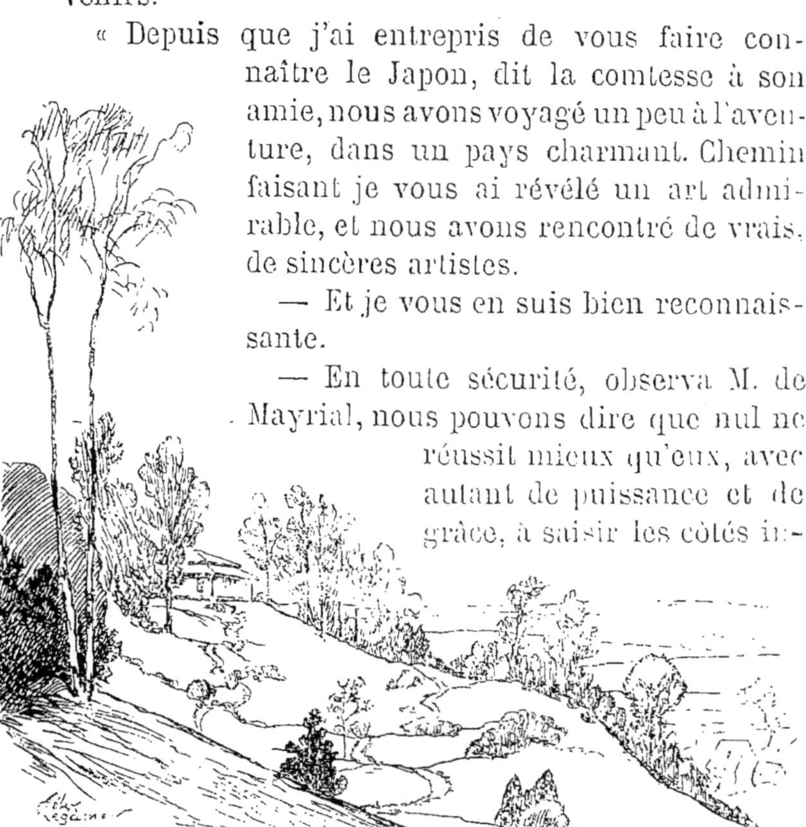

times et délicats de la nature qu'ils avaient sous les yeux — l'une des plus belles du monde — aussi bien qu'à en rendre l'aspect synthétique et largement varié. Subtils analystes, ils ont su joindre à la perfection exquise de l'exécution une variété infinie de conception, aussi abondante que la source à laquelle ils n'ont cessé de puiser.

— N'y a-t-il pas à craindre que toutes ces belles théories ne trouvent plus leur application, demanda Mme d'Arbois.

— Rassurez-vous, répondit le comte, on commence à se remettre un peu de cette alarme ; non, la race des maîtres n'est pas éteinte... Il vient de se fonder, dans la capitale du Japon, une société de *Vieux Japonais*, partisans de l'art national, décidés à lutter pour sa conservation, et à s'opposer à l'envahissement de l'influence étrangère et mercantile.

— Faisons des vœux pour leur réussite, s'écria Mme de Mayrial.

— Oui, et associons-nous aux regrets des deux amis que fait parler M. Maget dans sa charmante nouvelle *Daï Nippon* « alors qu'ils se rappelaient le vieux Japon, son peuple doux, toujours souriant, plein de croyances, les façons de cour qu'on voyait chez les plus humbles, l'épicuréisme distingué de la noblesse, le merveilleux instinct de tous pour les choses de l'art, le bonheur général. Les Japonais méritaient alors le mot de Platon aux Athéniens : « Vous êtes toujours enfants et vous avez toujours l'esprit d'un jeune homme. »

— Maintenant que vous connaissez les modes de fabrication des Japonais et les divers produits de leur industrie et de leur sol, reprit la comtesse, maintenant que vous connaissez leurs maisons, leurs jardins, nous allons, si vous le voulez bien, voir un

peu comment ils y vivent, quelles sont leurs mœurs,
leurs joies et leurs tristesses, vous les comprendrez
mieux alors.

— Vous me comblez, chère amie ! s'écria Mme d'Arbois, et nous commencerons dès demain cette étude
intéressante. »

MŒURS ET COUTUMES

La maison japonaise.

Dans tous les pays du monde on cherche à adapter les constructions au climat, on veut qu'elles satisfassent aux besoins et aux habitudes de la vie. On y parvient plus ou moins heureusement.

A une température variable comme celle du Japon, il fallait des maisons pouvant aussi bien garantir du mauvais temps que des ardeurs du soleil. Les Japonais ont donc inventé ces toits immenses, débordants, préservant de la pluie et donnant de l'ombre : ils ont entouré leurs maisons de balcons et de terrasses sur lesquels s'ouvrent de grandes baies que l'on ferme au moyen de châssis glissant dans des rainures. Ils ont enfin planté ces jardins délicieux pleins de fraîcheur et de détails pittoresques, qui entourent leurs demeures d'un cadre de verdure.

Il était, en outre, indispensable que ces habitations fussent appropriées au sol volcanique d'un pays que visitent de fréquents tremblements de terre; cette obligation a créé un art particulier.

Il fallait que les édifices fussent solides et souples en même temps afin de résister aux commotions atmosphériques et aux secousses du sol aussi bien qu'aux outrages du temps.

Les architectes japonais ont résolu ce problème puisqu'ils ont su construire des temples qui, après mille ans d'existence, sont encore intacts.

Cependant ils ont renoncé à la pierre, assez abondante chez eux; ils n'ont guère exécuté qu'en bois ces merveilles d'élégance, de richesse et de solidité.

Suppléant à l'absence de fondations par des socles de pierre sur lesquels reposent les poutres qui servent de base à l'édifice, ils ont ménagé un espace vide entre le plancher et le sol, évitant ainsi l'inondation ou l'humidité, et ils ont réussi à atténuer les effets des tremblements de terre; la maison n'étant pas attachée au sol, reprend sa place après l'oscillation, grâce à son élasticité et à l'équilibre que lui donne sa lourde toiture. Mais il est un fléau qu'ils n'ont pas su conjurer : l'incendie; il est rare qu'une journée se passe sans que le feu prenne quelque part, dans ces villes qui couvrent une si grande étendue de terrain, et l'on prend philosophiquement son parti de voir disparaître des quartiers entiers ravagés par les flammes.

Les maisons ont presque le même aspect à la ville qu'à la campagne, sauf qu'ici elles sont le plus souvent couvertes en chaume; elles sont recrépies à l'extérieur avec un mélange d'argile et de paille hachée, recouvert d'un stuccage à base de coquillages pilés. En été, elles sont ouvertes à tous les regards, et le passant peut assister aux scènes familiales qui se déroulent sans contrainte, que ce soit l'heure du bain, du travail ou du repos.

Ces frêles habitations — si délicates que l'Européen n'ose y faire un mouvement dans la crainte de crever les cloisons mobiles faites au moyen de panneaux de papier qui se démontent et se placent au gré de chacun — veulent pour être comprises et appréciées qu'on se rende compte des habitudes de leurs habitants et de leur tournure d'esprit.

Tout, pour eux, est dans le fini du travail, dans la décoration délicate des murs, dans l'ajustage des boiseries. Pas de meubles, pas de choses encombrantes ; ceux qui possèdent des objets d'art les enferment dans une sorte d'appartement spécial, d'où ils ne sortent qu'en de rares occasions.

Les nattes sont toujours d'une propreté immaculée, de même que le bois blanc ou jaune du plancher ou des boiseries, lavés très fréquemment, et dont jamais une tache ne ternit l'éclat.

Çà et là quelques paravents ; une niche enclavée dans la muraille qui fait face à l'entrée : c'est le *Tokonoma* ; les panneaux de cette niche, en bois naturel, sont ajourés, menuisés avec un art consommé.

Au fond du *Tokonoma* est suspendu un *kakémono* ; c'est là, comme dans une sorte de sanctuaire, que l'on place un objet d'art ou un de ces bouquets de fleurs qui sont de véritables merveilles de grâce et de composition.

Les piliers qui soutiennent les charpentes ont les formes les plus capricieuses, depuis la forme géométrique, d'une précision parfaite, jusqu'aux plus contournées ; c'est quelquefois un tronc d'arbre qui a conservé toute sa rusticité.

Des châssis intérieurs, glissant dans des rainures, permettent d'improviser en un instant des subdivisions suivant les besoins.

Le premier étage, auquel on accède par une échelle de meunier, offre la même nudité ; des *tatamis* et des bois blancs ; pas de meubles non plus, sauf des coffres ; pas d'ornement ; seulement de petites niches, dissimulées par des panneaux de papier blanc ornés de peinture, servent d'armoire pour les vêtements.

Et pourtant le luxe existe dans une infinité de détails, luxe de raffinés qui ne saute pas aux yeux. Ainsi le bois des poutres et l'encadrement des panneaux sera naturel et simplement raboté : mais les clous seront cachés sous des plaques de bronze finement travaillées ; les châssis mobiles sont munis de poignées percées de trous ovales, s'ajustant à la forme du bout des doigts, et seront garnis de bronze ciselé.

En somme, le Japonais, s'il est fort sensible aux grands spectacles de la nature est loin de dédaigner les menues choses. Si sa maison est petite et paraît trop vide, elle est d'une exquise propreté et tout y est réglé avec un goût parfait.

Emploi de la journée.

Au Japon, on a résolu d'une façon très pratique la question si ardue pour nous de la domesticité.

Les familles bourgeoises aisées ont d'ordinaire une bonne et un domestique ou bien deux bonnes et une nourrice, s'il y a lieu.

Les domestiques ne coûtent pas très cher, ils sont procurés par des bureaux de placement qui garantissent leur conduite. Si le domestique vole, c'est le bureau qui paye, s'y étant engagé par contrat.

L'infidélité des domestiques étant fort rare, la somme payée aux placeurs est minime.

Une bonne reçoit environ dix francs par mois, ou sept francs cinquante, nourrie et couchée.

Les domestiques mâles sont payés environ vingt francs par mois et nourris, ou bien quarante francs sans la nourriture.

Les bonnes se lèvent à six heures, ouvrent les volets, font chauffer l'eau pour la toilette; puis elles préparent le déjeuner du matin, qui consiste en riz chaud, soupe de *misso* (blé fermenté avec du sel), plus quelques petits plats, salade conservée et thé. Ce déjeuner a lieu vers huit heures; c'est le premier des trois repas de la journée; le second est à midi et le troisième à sept heures du soir.

A dix heures du matin et à trois heures de l'après-midi on goûte.

Après avoir ouvert la maison, la bonne fait le ménage ; la mère s'occupe de la toilette des enfants et les envoie à l'école ; levée la première, elle se couche la dernière et jamais avant son mari.

C'est elle qui a l'argent du ménage.

Dès le matin, viennent des fournisseurs de toute espèce, ce n'est que par exception qu'on va aux provisions ; certains plats, cependant, sont demandés au dehors chez des restaurateurs qui en font leur spécialité, lorsqu'on a besoin de corser un peu le menu.

Les marchands de nouveautés se rendent à domicile.

Les vêtements pour toute la famille se font à la maison ; les femmes riches elles-mêmes coupent et taillent en se faisant aider par des ouvrières.

Vers neuf heures, le mari a expédié quelques affaires, a déjeuné, quitte sa maison et va à son comptoir ou à son bureau, le plus souvent pour la journée entière.

Toute la famille habite sous le même toit. Les grands-pères et grand'-mères ont une vie très douce, exempte de soins et de soucis ; ils ne travaillent pas et partagent leur temps entre la lecture et la promenade.

Les jeunes filles s'occupent de couture, de musique, de la composition des bouquets et étudient les lois compliquées de la cérémonie du thé (*tcha-no-yu*).

Les garçons qui vont à l'école ou au collège aujourd'hui, restaient autrefois à la maison jusqu'à dix-huit et vingt ans. Ils apprenaient l'escrime, l'équitation, l'écriture, la littérature, etc.

Les visites se font dans l'après-midi, et parfois on

Leçon d'écriture.

retient des visiteurs à dîner; les invitations se font toujours à l'improviste et le repas du soir est le plus important.

De quoi parlent les femmes entre elles?

La médisance n'ayant pas grand attrait pour elles
— est-ce croyable? — la conversation roule sur les
enfants, la famille, la toilette et le théâtre. Elles se
racontent ces pièces qui durent des journées entières,
et jugent les interprètes à qui elles empruntent les
modèles de leurs robes et de leurs coiffures.

Vient le soir. Parfois, quand on n'est qu'entre soi,
on fait entrer le masseur aveugle, dont le sifflet mé-
lancolique à deux notes se fait entendre de loin, ou,
si l'on a des invités, le temps se passe à boire du *saké*
et du thé, à faire de la musique et à jouer; mais
les jeux de hasard étant prohibés, c'est aux jeux
d'adresse ou de combinaison qu'on a recours, et
comme il n'y a pas de cafés au Japon, c'est chez soi
qu'on se réunit pour jouer.

Naissance.

Ce ne sont pas, à proprement dit, des médecins qui
exercent la profession d'accoucheur. Pour les Japonais, c'est un art et une véritable spécialité qu'hommes
et femmes pratiquent avec un égal succès.

La layette est toujours faite par l'une des grand'-
mères, par la mère si elles sont mortes.

Lorsque l'enfant vient au monde, on le baigne dans
de l'eau chaude et, pendant trois jours, on ne lui
donne d'autre nourriture que du *makuri* dissous
dans de l'eau qu'on lui fait prendre dans un petit sa-

chet de soie qu'il suce. Au bout de ce temps, la mère lui donne à téter.

L'enfant n'est pas emmailloté ; son corps reste libre dans des langes simplement soutenus par un petit corselet d'étoffe noué par des cordons.

La naissance donne lieu à une cérémonie, qui consiste en un repas où l'on mange du riz coloré par des haricots rouges.

Le septième jour, on donne un nom à l'enfant qui en changera à la puberté et à la mort, sans préjudice de diverses circonstances de la vie qui motivent d'autres changements de nom.

Le vingtième jour, la sage-femme, accompagnée des domestiques de la maison, le porte au temple *Oudzikami* ou temple local du culte shintoïste.

Là, l'enfant vêtu d'un très beau costume offert par le grand-père, boit de l'eau sacrée qui doit sans doute lui porter bonheur.

La mère ne bouge de son lit que le vingt et unième jour.

Il y a quatre grandes époques dans la vie d'un homme, qui sont marquées par des cérémonies :

Kwan, la majorité ;

Kwon, le mariage ;

So, les funérailles ;

Sai, la fête commémorative des ancêtres.

La fête de la majorité ne présente aucune particularité qui vaille la peine d'être notée ; elle se fait à l'âge de quinze ans.

Mariage.

Les jeunes gens se marient de dix-huit à vingt-cinq ans.

Ce sont presque toujours les parents qui choisissent un époux ou une épouse pour leurs enfants. Tantôt les fiancés ne se connaissent pas, tantôt les conventions datent de l'enfance.

Les mariages ont toujours été désintéressés jusqu'à présent ; on n'y mêlait pas la question d'argent avant l'arrivée des étrangers au Japon.

Lorsqu'une famille veut marier un enfant, elle choisit un *nakodo*.

Ce personnage sert, avec sa femme, de témoin : les célibataires et les veufs ne peuvent pas être *nakodo*.

Ce sont les personnages importants de la cérémonie. Ils font la demande, négocient tous les arrangements, prennent les renseignements, conviennent de la dot.

Ils conduisent les mariés à la maison conjugale.

Lorsque ceux-ci se retirent dans leur chambre, ce sont eux qui les accompagnent.

Pendant toute la durée de l'union à laquelle ils ont contribué, ils seront arbitres dans les discussions qui pourront surgir entre les époux. Si le divorce s'impose, ce sont eux qui le règleront, et il est rare que les tribunaux aient à intervenir dans ce genre d'affaire.

Il faut avoir été *nakodo* au moins une fois dans sa vie; on considère comme très honorable d'avoir sou-

Les emblèmes de la longévité.

vent rempli ces fonctions qui sont réservées aux plus dignes.

Après le mariage, on fait au *nakodo* des cadeaux de deux sortes : cadeaux symboliques et cadeaux destinés à le remercier de son dérangement.

Les cadeaux symboliques sont représentés par du

chanvre et de la ouate de soie, emblèmes de longévité et d'union durable. Les autres se composent de belles étoffes.

La dot consiste en étoffes, riz, *saké*, poissons, ouate de soie, etc.

Quelquefois, souvent même, on envoie l'argent avec une liste de ce que cette somme est censée représenter.

Le futur offre à sa fiancée la ceinture (*obi*).

La femme offre au fiancé l'habit de cérémonie, (*kamishinoo*).

L'échange de cadeaux se fait une semaine avant la noce.

Au Japon, on demande aussi bien en mariage les jeunes gens que les jeunes filles.

Adoption. — Lorsqu'il n'y a que des filles dans une famille, l'usage veut que les parents demandent pour l'une d'elles en mariage un jeune homme, qu'ils adopteront ; celui-ci doit alors venir habiter chez sa femme et prendre le nom de la famille dans laquelle il entre, afin de le perpétuer.

Dans ce cas, il ne donne pas de cadeaux, et le jour de la cérémonie nuptiale, c'est lui qu'on vient chercher pour l'amener chez sa fiancée, et c'est elle qui le reçoit à la porte.

Il y a grande réception le lendemain.

C'est toujours la femme qui apporte en dot les

ustensiles de ménage ainsi que les couvertures pour elle et son mari, dans de grands coffres très beaux que l'on envoie le jour de la noce par des serviteurs.

Les fiançailles ont lieu chez les parents de la jeune fille, où se réunissent les *nakodos* et quelques amis ; le fiancé y vient ; c'est la première entrevue des jeunes gens, et la seule avant le mariage, car on ne se fait pas la cour. La jeune fille ne paraît qu'un instant au salon pour offrir une tasse de thé au fiancé.

Les Japonais prétendent que les unions réglées par les parents sont plus durables et mieux assorties que les mariages d'inclination.

Pour le jour de la cérémonie, la mariée a plusieurs costumes. Elle en change trois ou quatre fois, suivant sa fortune. Le premier est noir ; toutes les robes sont à longues manches traînant presque à terre.

C'est au coucher du soleil que le *nakodo* va chercher la fiancée pour la conduire à la maison nuptiale. Le cortège va à pied, ou en *cago*, ou en *djinri-kischa*.

Sur le seuil de la porte, le fiancé reçoit sa future et la conduit au salon avec les parents et les amis.

Les fiancés s'asseyent alors en face l'un de l'autre, à une certaine distance, puis on apporte trois petites coupes, généralement en laque dorée, pour la cérémonie du *san-san-ku-do* (littéralement : triple changement de trois coupes).

C'est le garçon et la fille d'honneur qui versent dans ces coupes le *saké* contenu dans deux vases, sur lesquels sont peints deux papillons emblématiques, l'un mâle et l'autre femelle. Ici, sans doute, ces insectes ne symbolisent pas l'inconstance comme chez nous. En même temps, on apporte la soupe de coquillages qui commence le repas.

Le *nakodo* chante une poésie de circonstance, faite par lui, c'est le *sa-ka-sa-go* (littéralement : chant souhaitant la longévité).

Après le repas de noce, les parents se retirent, le *nakodo* accompagne les époux jusqu'à l'entrée de leur chambre.

Pendant deux ou trois jours encore on invite des amis et des parents.

Au huitième jour on fait les visites de noce chez les parents de la jeune fille, ce qui est prétexte à de nouvelles réjouissances ; puis vient la cérémonie du *sa-ko-taï-ri* qui consiste dans l'envoi des cadeaux au *nakodo* ; et la série des fêtes du mariage se trouve close.

Funérailles.

Dès qu'une personne meurt, on dépose le corps dans la pièce principale. On met près de lui de l'eau pure et des brûle-parfums.

Puis on fait les démarches au temple et au cimetière. Autrefois le cimetière dépendait du temple, il n'en est plus ainsi aujourd'hui.

On avertit ensuite les parents et amis et on commande le cercueil, à moins qu'on ne veuille recourir à la crémation, qui est usitée tout autant que l'ensevelissement. Les cercueils sont de deux sortes : les uns, semblables aux nôtres, sont faits pour recevoir les corps couchés, les autres, où le mort est accroupi, ont une forme analogue à celle des jarres péruviennes, et sont aussi en terre cuite ; une mince boîte de bois leur sert d'enveloppe. Avant de placer le corps dans le cercueil, on le lave, puis on l'habille ; jusqu'alors il avait été laissé tel qu'il était au moment de la mort.

Si le corps est rigide, on l'assouplit au moyen d'une certaine poudre afin de lui faire prendre la posture ramassée, les genoux repliés sous le menton, qui permet son introduction dans le cercueil en forme de vase.

La famille fait la veillée mortuaire.

Le jour de l'enterrement, le prêtre vient dans la maison pour donner au mort le nom plus ou moins honorifique, selon le prix qu'on y aura mis, qui doit remplacer celui qu'il portait de son vivant ; puis il l'accompagne jusqu'au cimetière.

Le cortége est précédé par le prêtre, allant à pied, suivi d'un homme qui arbore une planchette en forme d'écriteau, sur lequel est écrit le nom posthume du défunt ; puis vient le cercueil recouvert d'une tenture blanche, porté par des hommes, escortés de gens munis de lanternes blanches non allumées ; car le blanc est la couleur du deuil au Japon comme en Chine.

Suivent les amis et parents, parmi lesquels les descendants sont seuls représentés.

La cérémonie religieuse a beaucoup d'analogie, dans sa forme extérieure, avec celle du culte catholique.

Le nom donné par le prêtre est gravé sur la face antérieure du petit monolithe qui marque l'emplacement de la sépulture, le nom de famille est gravé derrière.

Après la cérémonie du cimetière, on retourne au temple où, dans une petite salle spécialement affectée à cet usage, l'on distribue des gâteaux aux personnes qui ont accompagné le convoi.

De même qu'à l'occasion du mariage, les amis et les parents offrent des cadeaux ou l'argent qui en représente la valeur. C'est une sorte de tribut réciproque, que l'on retrouve encore à propos des incendies.

Soixante-dix jours après la mort, on envoie des gâteaux aux amis qui ont fait des cadeaux à l'occasion du décès.

Fêtes et réjouissances.

Ainsi que toutes les fêtes d'autrefois, la célébration du jour de l'an a beaucoup perdu de sa solennité et de son caractère pittoresque depuis l'adoption du Calendrier grégorien en 1872 — remplaçant le Calendrier chinois, avec les mois lunaires. L'année commençait alors vingt-sept ou vingt-huit jours plus tard qu'aujourd'hui.

C'est à partir du 13 décembre que commencent les préparatifs de *Gan-Gitz* la fête de l'*Ichi-Gok* (1er de l'an). On procède au nettoyage général de la maison, et il y a un jour désigné pour la fête des *Motchis* (gâteaux de riz); il n'est pas rare qu'on fasse appel, pour la préparation de ce mets exceptionnel, au talent de certains artistes culinaires spéciaux, qui transportent chez leurs clients tout un matériel un peu encombrant.

Deux ou trois jours avant la fin de l'année, les façades des maisons se couvrent d'une décoration emblématique. A chaque porte on plante, dans des vases remplis de terre, de grandes branches de pin et de bambou, et, d'un bout à l'autre de l'auvent, on tend une guirlande de paille tressée, d'où pendent, à intervalles égaux, des brins de paille. L'usage de cet ornement, nommé *Kazari*, remonte à la plus haute antiquité. Il y a comme une réminiscence de la simplicité des ancêtres, qui se retrouve dans presque toutes les fêtes japonaises. L'adjonction d'un citron, d'une langouste, d'algues marines, de fougère et de feuilles vertes de l'arbre *Izourika*, réunis en une sorte de trophée au milieu de la torsade de paille, est particulière au jour de l'an, chacun de ces objets ayant un sens avantageux pour les habitants de la maison.

Certains temples ont ouvert leurs portes dans la nuit du 1er janvier. Le tabernacle est illuminé et les fidèles viennent y chercher le feu qui servira à cuire les *Zoomï*, sorte de gâteaux de riz à la sauce *Misso*, un composé de purée de haricots blancs, d'avoine fermentée et de sel. C'est de cet unique mets que doit se composer le premier repas de l'année, avant le lever du soleil.

Après les haricots blancs viennent les haricots noirs, qu'on mange en famille, aux heures des repas ordinaires, en même temps que deux espèces de poissons : le *Kazonnoki*, qu'on pêche dans la mer de Yézo, et le *Gomanié*, vivant par bandes innombrables comme le hareng.

Les haricots, qui sont renfermés plusieurs dans une gousse, les *Kazonnoki*, qui naissent en grand nombre d'un seul poisson, et les *Gomanié*, qui se trouvent toujours réunis par milliers, sont pour les Japonais la traduction par le fait du précepte : Croissez et multipliez, et l'indication d'un espoir.

C'est alors qu'on boit le vin de *tosso*, fabriqué avec des plantes médicinales, au goût un peu amer, mais ayant un très agréable parfum, au dire des amateurs.

Toute cette gastronomie allégorique ne fait pas perdre de vue les devoirs de société qui incombent à cette époque de l'année aux Japonais, quelle que soit la classe à laquelle ils appartiennent.

Voici comment les choses se passent le premier jour de l'an :

1° A la cour.

Le *Mikado* reçoit les fonctionnaires civils et militaires. Ceux-ci en uniformes chamarrés, ceux-là en habit plus ou moins brodé d'or, suivant leur grade, les plus humbles se présentent en simple habit noir.

En 1872, le *Mikado*, dans son grand costume de parade antique, reçut pour la dernière fois ses sujets vêtus, eux aussi, à l'ancienne mode, et, pendant une minute, les fonctionnaires étrangers purent le voir sur un trône, puis un rideau se ferma sur lui après un salut général de l'assistance, c'était la fin d'un monde. Aujourd'hui l'Empereur a le chapeau à plume blanche, le grand cordon et le pantalon de casimir à bande d'or.

2° Chez les hauts fonctionnaires.

Grande agitation, échange de visites, grande bousculade de *Jinrikishas* à toutes les portes des ministres.

Ceux à qui les moyens de transport manquent chaussent des guétas et vont bravement dans la boue et la neige, leurs bottines à la main.

3° Chez les particuliers.

On échange aussi force visites et tasses de thé.

Les Japonais de la vieille souche évitent, ce jour-là, de prononcer la syllabe *shi*, radical de *mourir*; ce serait d'un mauvais augure, et, comme cette syllabe entre dans une infinité de mots, cette abstention ne laisse pas que de nécessiter des périphrases interminables.

Les inférieurs viennent apporter de petits présents

à leurs supérieurs, consistant surtout en oranges et en œufs crus; ils y ajoutent le morceau de queue de poisson symbolique ou sa représentation, retenu sur l'objet offert par de jolis liens de papier.

A l'égard des domestiques, le maître répond à ces présents par des générosités pécuniaires.

Les enfants reçoivent des jouets.

4° Chez le peuple.

On a congé pendant toute la semaine du jour de l'an. La population se répand dans les rues, flâne quand le temps est beau, sinon on se réunit pour jouer du *Chamisen*, et boire du thé. Quand le soleil s'en mêle, l'animation de tout ce peuple, qui ne demande qu'à se réjouir, présente un tableau charmant.

Partout, dans les intérieurs et dans les rues, règne un air de fête et de bonne humeur. On s'aborde en se courbant, les mains sur les genoux en échangeant le mot consacré : *Omedetta*.

Beaucoup de boutiques et d'étalages en plein vent, des jouets à profusion. Oh! qu'ils étaient curieux les jouets d'autrefois!

La fin de l'année marque, pour les marchands et les débiteurs, le quart d'heure de Rabelais. On perdrait toute considération si l'on n'avait achevé de payer ses dettes le 31 décembre. A cela vient s'ajouter ce qu'il faut dépenser en étrennes, de sorte que beaucoup ont besoin d'oublier au fond d'une fiole de *saké* les ennuis de cette fâcheuse journée.

La joie des enfants est, au contraire, sans mélange.

Ils se répandent dans les rues, les garçons avec leurs cerfs-volants, qu'ils lancent dans les jambes des passants ; les filles avec leurs raquettes et leurs volants.

Cependant ce n'est pas là leur vraie fête.

Plus tard, ils auront chacun la leur ; pour les filles, ce sera le *Hina-Matsuri*, fête des joujoux, qui les comblera de poupées, de celles qu'elles doivent garder sans les endommager, et que, devenues mères à leur tour, elles devront transmettre intactes à leurs filles.

Celle des garçons n'a pas une moindre importance.

Jouets d'enfants.

Ce jour-là, toute famille à qui il est né un fils dans l'année dresse devant sa porte un haut bambou au sommet duquel flotte un *nobori*, gros poisson en papier, que le vent gonfle et balance à son gré.

La tresse de paille du jour de l'an est remplacée ici par une corde agrémentée de roseaux.

Le saumon, qui remonte les rivières en luttant contre le courant, est l'emblème de la force physique et morale, qui est nécessaire pour vaincre les difficultés de la vie.

Outre ces deux fêtes qui leur sont particulières, les enfants prennent part à quantité d'autres qui s'échelonnent tout le long de l'année.

Ce sont d'abord les cinq fêtes traditionnelles du Japon, *Go Sekku*, qui ont lieu :

Le septième jour du premier mois ;

Le troisième jour du troisième mois ;

Le cinquième jour du cinquième mois ;

Le septième jour du septième mois ;

Et le neuvième jour du neuvième mois.

En avril, on se réjouit de l'apparition des fleurs roses des cerisiers, de Uéno et de Mukojima, des fleurs blanches des pruniers du Tokaïdo et des pommiers de Miyaski.

En juin, ce sont les glycines, en juillet, les iris qui servent de prétexte à de joyeuses parties.

Et quand vient l'automne, c'est le tour des chrysanthèmes et des érables.

A ces fêtes de la nature, qui sont de fondation, il faut en ajouter d'autres locales ou accidentelles. On se promène beaucoup et tout est prétexte à chômage. Naissance, baptême, mariage et décès se célèbrent en famille. Il y a la fête du quartier, celle de la ville avec feu d'artifice sur la rivière et les fêtes religieuses à grand cortège, etc.

On ne s'ennuie pas au Japon.

Représentations théâtrales.

Au IX{sup}e siècle, sous le règne de l'empereur Heïjo, la terre s'abîma dans la province de Yamato, près de Nara, endroit fameux encore aujourd'hui par la magnificence de ses temples, et une fumée empoisonnée s'exhalant du gouffre répandit partout la mort. Pour conjurer ce fléau, les prêtres eurent l'idée d'exécuter une danse emblématique sur un tertre gazonné, voisin du lieu maudit. Alors, comme par enchantement, la fumée cessa de s'élever.

Ce fut, d'après la légende, la consécration du drame.

Jusqu'à nos jours, en souvenir du miracle de Nara. cette même danse, appelée *Sambasho*, précède chaque représentation théâtrale et est imitée par un acteur costumé en prêtre d'autrefois.

Le peuple ayant pris goût à ces parades religieuses, fort simples à l'origine, le clergé shintoïste organisa de véritables comédies-pantomimes.

L'une d'elles, nommée *Tama-tori*, nous montre une sainte femme, agitant un sistre aux grelots tintants, qui défend la boule précieuse de cristal, emblème de pureté et de vérité, contre les entreprises d'un démon.

Comme on le voit, le théâtre au Japon a les mêmes origines qu'en France; nos parades mystiques et nos mystères célébrés dans les églises au moyen âge, transportés chez les princes et de là sur la place publique, ont leurs équivalents chez les Japonais, et les plus grandes analogies se retrouvent dans les étapes

Tama-tori.

suivies par les deux peuples pour arriver à l'état de choses actuel.

Les marionnettes *Joruri* et *Ningyo-Tsukai*, furent inventées au commencement du xviiᵉ siècle.

Aujourd'hui la façade d'un théâtre japonais est

garnie de lanternes, de banderoles et de grandes images aux couleurs vives reproduisant les principales scènes de la pièce annoncée.

L'entrée est grillée de grosses barres de bois noir, qui forment des cages où se tiennent caissiers et contrôleurs.

Il y a un vestiaire pour les parapluies et les *guétas*, chaussures de bois. La salle se compose uniquement d'un parterre et d'une première galerie.

Dans une loge grillée de l'avant-scène, le *guidayu* se tient accroupi; cet homme joue de la guitare (*chamissen*) et parle d'un ton larmoyant, cadencé. Il raconte au public la situation, et de temps en temps on l'entend décrire les sentiments que les acteurs expriment sur la scène par leurs gestes et leur physionomie.

Au-dessous de ce commentateur qui fait penser au chœur antique, est placé l'*amatetaké* muni de deux rectangles de bois massifs avec lesquels il fait des roulements sur le plancher. C'est dans les moments pathétiques qu'il frappe à tour de bras et souligne les paroles de l'acteur par un trémolo assourdissant.

Le plafond de la salle est orné de longues bandes d'étoffes multicolores, couvertes de caractères cursifs fantastiquement bariolés; elles sont la propriété des chefs d'emploi en représentation et font partie de leur garde-robe.

Ils les doivent à l'admiration de leurs contemporains, et lorsqu'on veut parler d'un comédien de grand talent, on dit : « C'est un homme à trente-six rideaux ! »

Le service d'ordre intérieur est assuré par un seul policeman ; cette particularité fait l'éloge de la bonne tenue du public.

Le parterre n'est ni un parterre assis, ni un parterre debout ; c'est un parterre accroupi.

Les spectateurs, campés sur leurs talons, assistent à la représentation dans cette posture qui leur est habituelle.

Des séparations carrées, de trente centimètres de haut, divisent la salle en compartiments égaux figurant des espèces de loges découvertes. Ces séparations sont assez larges pour qu'on puisse marcher dessus facilement ; elles forment des sentiers que l'on suit pour gagner sa place ; c'est aussi sur ces chemins surélevés que, pendant les entr'actes, les marchands de programmes, de gâteaux ou de thé, passent au milieu des spectateurs ; ceux-ci, assez généralement, font venir leurs repas de chez les restaurateurs du voisinage, car il n'est pas rare qu'une représentation commencée le matin ne se termine qu'à une heure très avancée de la nuit. Dans chaque compartiment il y a un petit brasero, *hibashi*, servant à allumer les pipes minuscules qui s'épuisent en trois bouffées. Un petit tube de bambou sert de crachoir.

L'allure de l'auditoire se traduit bien par cette expression anglaise : « Free and easy » ; en effet, la chaleur aidant, chacun a vite fait de se défaire d'un vêtement embarrassant.

Autour du machiniste, deux décors : un châssis représentant la mer, éclairée par des chandelles plantées naïvement en plein dans l'eau, et la façade d'une mignonne maison de thé, un bijou.

Outre les séparations praticables dont il a été parlé, il y a deux chemins plus larges, à droite et à gauche, qui, placés à la hauteur de la scène, permettent aux acteurs de faire leur entrée autrement que par le fond du théâtre et donnent parfois l'occasion de représenter des scènes différentes et simultanées. Un de ces chemins est assez large pour que des voitures et des bateaux à roulettes puissent y circuler.

Lorsqu'une pièce nécessite de nombreux et rapides changements de décoration, on dispose deux décors accolés dos à dos sur une plaque tournante, et au moment voulu un groupe d'acteurs s'en va par la rotation, tandis qu'un autre groupe apparaît dans un décor tout différent.

Indépendamment des acteurs, il y a sur la scène d'autres personnages, vêtus de noir, que l'on est censé ne jamais voir.

Ce sont les *Kuromango*: ils vont, viennent, s'agitent, s'occupent des accessoires, mouchent les chandelles, interviennent aussi dans les moments les plus palpitants; ils semblent avoir été mis là pour soulager l'acteur dans la douleur et l'émotion qu'il simule; ils glissent derrière lui, dans les plis de son ample vêtement, un tabouret qui l'aide à reprendre haleine, lui passent un mouchoir, une tasse de thé, etc.; dans cette scène où un guerrier affreux se prépare à égorger une innocente jeune fille, nous retrouvons deux de ces petits gnomes dramatiques : l'un rafraîchit son homme à grands coups d'éventail, et l'autre, agenouillé, tient au bout d'un long bâton une bougie qui éclaire le masque grimaçant de l'acteur.

C'est dans l'histoire et dans la légende que sont pris les sujets des pièces ainsi représentées.

Le spectacle est moins long dans les théâtres forains, mais comme on y serre la vérité de plus près, au point de vue des mœurs, il est peut-être plus intéressant pour nous. On y représente des vaudevilles et des farces, qui souvent ont l'attrait de l'actualité. L'introduction dans la vie courante des usages et des produits occidentaux, donnant lieu à un nombre infini d'incidents ridicules et grotesques, les auteurs de ces facéties en ont tiré bon parti.

Cette ressource manquait à leurs devanciers, ils n'avaient pour exercer leur verve que le spectacle des travers de l'esprit japonais. Voici un exemple du genre recueilli dans un théâtre de la foire qui se tient d'un bout de l'année à l'autre aux abords du temple d'Assaksa à Tokio :

Un mari vient de perdre sa femme; un bonze est en train de dire sa prière avec accompagnement de roulements exécutés sur un gros tambour, suivant les rites; l'un s'adresse à l'autre pour les funérailles et lui demande de tracer d'un pinceau savant, sur la planchette qu'il apporte, une épitaphe digne de sa chère moitié. Discussions, jeux de mots, épigrammes, ripostes du bonze, plaisanteries du veuf.

La pièce est dans ce trait final : effrayé des exigences du clergé, ému à la pensée des sommes folles qu'il va être contraint de débourser, l'homme en arrive à regretter amèrement que sa femme soit morte.

Les lutteurs sont très aimés au Japon, et ils jouissent d'une considération exceptionnelle ; si bien qu'ils purent porter des armes, alors que ce privilège était réservé à la noblesse. Exerçant leur profession de génération en génération, soumis à un entraînement spécial, les *sumô* forment une race à part dans la nation et arrivent à un développement physique extraordinaire.

Il existe trois classes de lutteurs : les aspirants, *Komosobi* ; les maîtres, *Maigashira*, et les grands-maîtres, *Ozéki*. Ce dernier titre ne s'obtient qu'au prix d'éclatantes prouesses.

L'annonce de l'ouverture d'une de leurs arènes — ils n'ont pas de théâtre fixe — met toute la population d'une ville en émoi.

Plusieurs jours à l'avance, un crieur, perché au sommet d'une haute tour, faite de bambous assemblés avec art, annonce la représentation en frappant sur un tambour. Les rues sont pavoisées de bannières immenses ornées de mille manières.

Une estrade circulaire, où la lutte doit avoir lieu, est élevée au centre d'une vaste enceinte, garnie de gradins où la foule s'entasse, et l'on parie là comme nous parions à nos courses de chevaux.

Sur l'estrade prennent place des juges de la lutte ; ils en suivent toutes les péripéties avec une autorité

égale à celle des témoins dans un duel. Pour être
remplies dignement, ces fonctions, qui se transmettent
de père en fils, exigent des connaissances fort diffi-

Sumô (lutteurs).

ciles à acquérir, dit-on. Les plus renommés sont les
Kimura, descendants d'une famille dont l'origine se
perd dans la nuit des temps.

Tout ce qui touche à la danse est en grand honneur
au Japon. A Kioto, l'ancienne capitale, le gouvernement fait les frais d'une institution qui rappelle notre
Conservatoire.

Le *Daï-Kagura* ou danse du tigre de Corée, rappelant la conquête de cette contrée par la célèbre impératrice *Zingo-Kogo*, est une des plus populaires.

Un des plus curieux exemples du génie chorégraphique japonais, est le *Matsu-Odori*, la danse du pin. Les gestes du danseur figurent les branches capricieuses de l'arbre toujours vert. Les éventails, qui jouent ici un très grand rôle, se retrouvent comme accessoires dans les innombrables danses, qui, toutes plus ingénieusement gracieuses les unes que les autres, présentent chacune un caractère particulier. Chaque localité a la sienne : le *künokumi*, danse de la province de *Kü*, est accompagné d'une chanson qui retrace les aventures de deux amants représentés par deux éventails. Chaque pas, chacune des ondulations élégantes de la danseuse (la *Guécha*), répondent à une pensée, à une situation, on assiste ainsi à une sorte de poème en action auquel les initiés prennent un plaisir extrême d'artiste et de délicat.

Les Japonais ont des acrobates et des prestidigitateurs merveilleux ; leurs prouesses dépassent tout ce qu'on peut imaginer.

Les conteurs d'histoires, qui ne manquent jamais d'auditeurs, méritent aussi d'être mentionnés.

Choses religieuses.

Deux religions — nous ne dirons pas se disputent, puisqu'elles vivent en très bonne intelligence — mais se partagent le Japon : le *Shintoïsme* et le *Bouddhisme*.

Le *Shintô* est une sorte de culte national ; il admet l'immortalité de l'âme, la vie future avec enfer et paradis éternels ; prescrit le respect des ancêtres et reconnaît à l'empereur une origine divine.

Le monde tel qu'il existe est le résultat des efforts de plusieurs générations de dieux.

Après *Amé-no-Mina-Kanuchi-no-Kami*, qui parut le premier et créa le ciel et la terre, il en vint d'autres, qui achevèrent l'œuvre commencée.

Amatérasu, fille du dieu *Isanagi* et de la déesse *Isanami* qui peuplèrent la terre, fut désignée pour gouverner le soleil ; une race de demi-dieux issue de la même souche régna ensuite sur le Japon jusqu'à *Zin-mu-Ten-nô* qui, rompant toute attache avec le ciel, devint le fondateur de la monarchie actuelle.

On attribua, depuis, le titre de *kami* aux héros et aux bienfaiteurs de l'humanité, qui par leurs prouesses et leurs vertus méritèrent d'être donnés en exemple aux autres hommes.

C'est ainsi que l'empereur *Hatchiman* est devenu le patron des guerriers, et *Ten-man-gu*, ministre célèbre, patron des lettrés.

Presque autant que ceux-là on honore sous le titre de *Sennins* certains vieillards, solitaires et vertueux, quoique sorciers :

Gama Sennin et son crapaud à trois pattes.

Koi Sennin (*Kin-Ko* en chinois) qui navigue debout sur un gros poisson.

Kokaku Sennin qui fend les airs, porté par une grue.

Kore-jin qui apprivoise les tigres.

Bugen Sensei, avec sa gourde d'où s'échappe une vapeur qui donne naissance à un cheval échappé, etc.

La pureté de la religion *Shintô*, qui repousse toute représentation des dieux et n'a qu'un personnel officiant très restreint, fut un instant altérée par l'influence du bouddhisme dont la pompe extérieure est sans limites; une secte prit naissance, celle de *Riô-Bou*, qui tenta de réunir les deux cultes en un seul. Elle n'existe plus aujourd'hui.

Le bois naturel, sans aucun ornement, est employé dans la construction des temples *shintô*. On n'y rencontre ni peinture, ni vernis, ni sculpture, ni dorure. Trois objets, un miroir, une épée et un *gohé*, sorte de martinet sans manche où des bandes de papier découpées en zigzags remplacent les lanières, sont placés sur une table au fond du sanctuaire complètement nu.

Le *Shintô* est la religion des classes élevées et des lettrés — il serait plus juste de dire qu'elle leur en tient lieu. — Les discrètes manifestations extérieures sont souvent confondues par le peuple avec celles du bouddhisme qui a plus d'attraits pour lui : aussi est-il

Prédicateur.

Danseuse.

Officiant.

La danse du miroir.

SHINTOÏSTES.

difficile d'assigner avec certitude un état civil à certaines divinités populaires.

Que sait-on exactement, par exemple, de l'origine des passagers du *Takara-buné*, la barque enchantée qui vogue à pleines voiles sur une mer calme? Une grue qui vole dans le ciel, où resplendit le disque rouge du soleil levant, le précède, et il est suivi par une tortue qui nage.

Il a à son bord les *Sichi-fuku-djin*, la joyeuse troupe des sept dieux du bonheur :

C'est d'abord *Benten* dont l'écharpe flotte au vent. Elle tient un luth et un éventail. On est fixé sur son origine qui est indienne, mais ses attributions sont définies avec aussi peu de précision que celles de ses compagnons. Elle serait à la fois déesse du mariage, de la mer et de la musique, des musiciens et danseurs, patronne des artistes et du ciel par-dessus le marché: on se l'arrache littéralement.

Hoteï, l'ami des enfants, ne va jamais sans un gros sac plein, on ne sait de quoi — rien de bien précieux, sans doute — c'est peut-être la besace du mendiant, car il prêche gaîment le mépris des richesses.

Daï Kokou, au contraire, est le dieu de l'opulence, et, comme jadis la fortune des gens se mesurait à la quantité de balles de riz qu'ils possédaient, on le représente toujours avec ses gros souliers, vautré sur des balles de riz et guetté par les rats.

La masse des mineurs qui rappelle les trésors qu'on tire des entrailles de la terre est un de ses attributs.

Yebisu. Dieu de l'honnêteté commerciale et de l'alimentation, patron des pêcheurs, est coiffé d'un béret bouffant; on le voit toujours en compagnie d'un poisson aussi gros que lui, le *taï* ou dorade.

Fôku-roku-djou. Dieu de la longévité. La cigogne et la tortue lui servent d'emblèmes; au bout du long bâton qu'il tient, est attaché un rouleau de prières; il porte en outre quelquefois, sur son crâne chauve et enflé démesurément, un petit bonhomme souriant, emmitouflé, chaperonné, avec un maillet à la main. Ce haut personnage résume en lui la trinité chinoise des dieux du bonheur : *Fo*, le rang, les honneurs; *Lo*, les joies de la famille; et *Cho*, la longévité; de plus il personnifie *l'étoile du Sud*.

Djiou-rô-djin. Vieillard jovial revêtu des insignes du lettré; il tient un écran et une sorte de houlette à laquelle est suspendu un rouleau de papier; une grue sacrée est attachée à sa personne. Ses attributions se confondent avec celles du précédent, aussi leur arrive-t-il d'échanger leurs attributs.

Bishamon. Dieu de la gloire militaire, d'origine indoue, à l'allure martiale, armé d'une lance ou d'une massue enveloppée d'étoffe; il tient dans sa main gauche ouverte une pagode.

Tout aussi populaire que les précédents est *Inari*.

le dieu qui passe pour avoir introduit la culture du riz au Japon. Partout, dans la campagne, on lui élève des autels qu'on fait garder par des renards de pierre.

Parmi les êtres surnaturels plus ou moins redoutables, avec lesquels les gens ont à compter, il convient de citer :

Iwanaga-Himé, la déesse de la montagne.

Jan-Sen-Siz, dieu de la guerre, avec trois têtes et six bras, monté sur un sanglier. Il dérive de *Maritchi*, l'importateur du feu dans l'Inde.

Kazeno-Kami ou *Futen*, dieu des vents; il tient une outre gonflée sur ses épaules.

Kaminari ou *Reiden*, dieu du tonnerre, est entouré de tambours, suspendus en auréole à un cerceau au milieu duquel il s'agite en tapant à tour de bras.

Godzu-Tenno, dieu des vagues.

Tsukuyomi, le dieu de la lune, cet astre, disons-le en passant, où les Japonais ont découvert, au lieu du masque pleurnicheur que nous y voyons, un lapin blanc, qui pile du riz dans un mortier.

Takoaka-mi-no-kami est une sorte de dragon qui tient la pluie, la neige et l'ouragan sous son empire.

Kappa, le grand serpent du lac, se nourrit des intestins des gens qu'il attire au fond des eaux, et le dispute en vigueur au *Tatsu* et au *Kirin*, monstres non moins affreux.

Le Grand Chat de la Montagne, plusieurs fois centenaire, n'est pas à dédaigner non plus. Ses déprédations s'exercent sur les voyageurs égarés.

Moins dangereux sont les *Shojos*, monstres verts à tignasse rouge, qui habitent au fond des mers et ne sont altérés que de *saké*.

Les *Tengus* ne sont pas non plus bien farouches : personnages ailés, possesseurs de nez exagérés; ils remplissent sur la terre le rôle de gendarmes du Ciel ; pour les aider dans cette tâche ingrate, ils ont des serviteurs ailés comme eux, mais un gros bec recourbé les distinguent de leurs maîtres.

Toute cette mythologie fantastique est complétée par une légion innombrable de démons qu'on désigne sous le nom collectif de *Ogni*, et par les cinq animaux fabuleux dont les noms suivent :

Le dragon (*rió*) qui, en Chine, d'où il vient, est l'emblème de la puissance impériale, n'est plus au Japon qu'un monstre né de l'ouragan ou de l'écume des vagues de l'Océan en démence.

Le phénix (*hoho*) est au souverain de l'Empire du Soleil Levant, ce que le dragon est au maître de l'Empire du Milieu. Il ne diffère en rien de l'oiseau connu sous ce nom en Europe.

Le *kirin* ou *kilin* a le corps et les sabots d'un cerf, la queue d'un taureau, avec une tête de cheval aux traits convulsés et porte au front une corne de rhinocéros.

Le lion fantastique, remarquable par les touffes de poils très régulièrement frisés qui couvrent son corps. Il est représenté d'ordinaire jouant avec une boule.

La tortue sacrée (*kamé*), emblème de longévité, se distingue des tortues profanes par une large queue aux crins ondulés.

L'époque de l'introduction du bouddhisme au Japon est fort contestée; — elle se place entre le ive et le vi^e siècle de notre ère. — Aujourd'hui il se divise en six sectes principales qui sont : *Zen-Siu, Sïn-gon, Ten-Daï, Hokké-Siou, Giodo* et *Sin-Siu*; elles mettent en lumière une foule de divinités tirées de l'Inde, telles que Brahma, Indra, Garouda, etc., et nombre de *Kamis* empruntés au Shintoïsme. Cependant les quatre principaux personnages de cette théogonie sont :

Amida. Bouddha éternel qui préside au Dharma-Datsu — ou paradis de Sukhavati — lac immense où les bienheureux sont réunis, assis les jambes croisées sur des fleurs de lotus épanouies.

Jizo. Sauveur des âmes des enfants. Il veille à ce que leurs ébats ne soient pas troublés par les démons.

Prêtres bouddhistes.

Les enfants morts se retrouvent sur les bords du lac céleste ; et là, leur principale distraction consiste à construire, avec des pierres et du sable ; de petits édifices que les démons s'acharnent à démolir.

Kuan-non. Dieu de la charité et de la compassion, a le pouvoir de changer de sexe, et de se dédoubler sous le nom de *Seis-Si*, dieu de la prière, pour accompagner *Amida*.

Fudo-mio-ô. Vulgairement *Fudo-Sama*, est le chef des *Tembus* ; il émane de *Varuna*, le dieu indou du ciel étoilé ; grand justicier, aucune des actions des hommes ne lui échappe, grâce le jour à son œil, le soleil, et la nuit aux étoiles qui lui servent d'espions.

Il est toujours représenté environné de flammes, debout sur un rocher d'où l'eau jaillit en cascade ; revêtu d'un accoutrement guerrier, il tient d'une main l'épée droite et de l'autre une corde enroulée qui se termine par un nœud coulant.

Les *Tembus*, ses subordonnés, sont des démons sanctifiés qui sont chargés de ramener au bien les pécheurs par la frayeur et les mauvais traitements. Un *Bouddha* est un homme devenu dieu. Un *Bodhi-sattwa* est un homme parvenu au plus haut degré de sainteté.

Les anges, les *Tennins*, sont de belles jeunes filles, somptueusement vêtues, qui planent dans les airs en jouant de divers instruments de musique.

Yomitsu-Kuni (le pays de la retraite des âmes) est le nom qu'on donne à l'astre où se trouvent réunis l'enfer et le paradis.

En enfer, les damnés sont soumis aux tortures les plus variées et particulièrement adaptées à la nature de leurs méfaits. Leur condamnation est prononcée par un tribunal que préside un grand juge nommé *Yéma*; l'instruction de chaque affaire n'est pas longue : le coupable est amené devant un miroir magique qui montre à tous les yeux, non son image, mais celle du crime qu'il a commis.

Le christianisme fut prêché pour la première fois au Japon par saint François-Xavier, qui y débarqua en 1549. Trente-cinq ans plus tard, l'ambassade d'un puissant *daïmio* allait rendre visite au pape. Dans l'intervalle, une église catholique avait été construite à Kioto.

Sans doute, l'impression que l'ambassade rapporta de Rome ne fut pas favorable, car c'est à son retour que le fameux *Shogun* Hideyoshi chassa les missionnaires chrétiens.

Pendant les cinquante années qui suivirent, de 1587 à 1637, les difficultés prirent un caractère de plus en plus aigü; après les missionnaires, les étrangers furent expulsés, et tout commerce à l'extérieur fut interdit. En 1638, il n'y avait plus un seul chrétien au Japon. Ils avaient tous été massacrés à la suite de la grande révolte de Shimabara.

Seuls, les Hollandais, après avoir évincé leurs

concurrents, les Portugais, obtinrent de s'établir à Deshima, d'où ils pouvaient, deux fois par an et au prix de formalités vexatoires extraordinaires, échanger les produits de l'Europe contre ceux du Japon.

Cependant, en 1846, Nangasaki, l'ancien diocèse suffragant de Goa, était érigé en vicariat apostolique, divisé depuis, en 1876, en deux parties, nord et sud. La première, pour une population de 16.800.000 habitants, comptait au dernier recensement 4.855 catholiques, avec un évêque, vingt-quatre prêtres Européens ; la seconde 17.125.000, dont 24.350 catholiques avec un évêque, vingt-quatre prêtres Européens et deux indigènes.

Une page d'histoire.

Il n'est pas fait mention dans l'histoire, de l'intervention des Européens au Japon avant 1542, époque à laquelle des Portugais y auraient importé des armes à feu.

Cette assertion est peut-être bien hasardée, étant données les antiques relations de l'Empire du Soleil Levant avec le Céleste Empire, qui n'avait pas attendu le moine Schwartz pour inventer la poudre à canon.

Quelques années plus tard, avec saint François-Xavier, c'était la croix, symbole de paix et d'amour.

qui succédait aux arquebuses — le remède après le mal.

On a vu que son règne ne fut pas de longue durée.

Nous détachons d'une vieille relation de voyage le chapitre suivant, qui contient le récit plein de saveur de la tentative faite par les Portugais en 1685, pour rentrer en grâce auprès des Japonais[1]. On y verra également dans quelles conditions des Hollandais étaient parqués à Décima, ou Deshima.

Voyage inutile que firent les Portugais et quelques gens natifs de Macao, au Japon, pour tâcher de rétablir le commerce qu'ils avaient perdu dans la dernière persécution des Chrétiens.

« Les habitants de Macao ont déjà fait bien des tentatives pour se raccommoder avec les Japonais, mais toujours inutilement; ces derniers ont mieux aimé perdre plusieurs milliers d'écus que leur devaient les Portugais que de se réconcilier avec eux, ayant juré par leurs dieux de n'admettre plus de chrétiens dans leur pays, et de les tuer sans quartier s'ils y en trouvaient. Les Hollandais, qui veulent être seuls à trafiquer avec les Japonais, leur conseillèrent, pour empêcher les chrétiens de s'introduire chez eux sous le nom d'autres nations, de placer à terre, à l'endroit

1. *Voyage du Tour du Monde* traduit de l'italien de Gemelli Careri. A Paris, chez Étienne Ganeau, libraire, rue Saint-Jacques, aux armes de Dombes, près la rue du Plâtre.

où l'on débarque, un crucifix, afin de connaître par
là si celui qui débarquerait serait chrétien ou non ;
parce que, ou il refuserait de le fouler aux pieds,
ou au moins il balancerait de le faire, pour entrer
dans Nangasaké. C'est ainsi que les Hollandais se
sont emparés du commerce de ce pays, à l'exclusion de toute autre nation, reniant devant les Japonais le christianisme, et ne faisant aucun scrupule
de fouler aux pieds cette sainte image, exemple que
les Anglais n'ont point voulu suivre. Ceci est si vrai,
que j'ai vu, à la Chine, un Chinois qui m'a assuré
l'avoir lui-même foulée, et, qu'ayant eu le bonheur
depuis de se faire chrétien à Nankin, il s'était confessé
de cette impiété.

« Il y a quelques années que plusieurs habitants de
la ville de Macao s'exposèrent, d'une manière intré-
pide, à mourir ou à regagner, à force de bienfaits,
les cœurs endurcis des Japonais, étant persuadés que
Dieu venait de leur fournir une occasion d'élever de
nouveau l'arbre de la Croix dans ce puissant empire.
Voici comment la chose arriva. Au mois de février,
en 1685, une barque japonaise chargée de tabac fit
naufrage auprès de Macao, et douze Japonais qui
étaient dedans furent sauvés avec la barque. La ville
en prit soin ; on vendit cette barque et ce qu'on put
sauver des marchandises pour leur compte. On tint
conseil là-dessus, et on trouva que c'était un bon
moyen pour renouer le commerce dans cette île, les
PP. Jésuites mêmes en furent d'avis.

« La ville donc et les PP. Jésuites louèrent un vais-

seau, sur lequel on embarqua les Japonais. Il partit
le 13 juin, et arriva à Nangasaké le 2 juillet pendant la
nuit. Aussitôt un mandarin, qu'on appelait S. Paul (sic),
vint à bord du vaisseau, avec un interprète et quatre
secrétaires, dont un était envoyé par le gouverneur,
le second par le magistrat civil, le troisième par la
ville, et le dernier par le juge de la religion : tous les
quatre devaient écrire séparément les demandes que
faisait l'interprète et les réponses des Portugais, afin
qu'il n'y eût point de tromperie. L'interprète se mit
à genoux devant le mandarin. Jamais juge ne trouva
tant de détours pour engager un malfaiteur à con-
fesser son crime, que le mandarin pour obliger les
Portugais à avouer qu'ils n'ignoraient pas l'ancienne
défense qu'il y avait, sous peine de la vie, aux vaisseaux chrétiens d'approcher de l'Empire du Japon, et
qu'en cas qu'ils en approchassent, ils devaient subir
le châtiment sans aucune rémission. Les Portugais
connurent aussitôt le dessein du mandarin, et répondirent prudemment à toutes ses questions, sans jamais lui donner lieu de penser qu'ils eussent rien su
de cette défense. On leur demanda le temps auquel la
barque avait fait naufrage ; en quel quartier de Macao
les douze Japonais avaient vécu ; s'ils y avaient fré-
quenté des chrétiens ; ce que la ville de Macao souhai-
tait d'eux ; s'il n'y avait point de vieillards dans le
vaisseau qui se ressouvinssent de ce qui s'était passé
entre les chrétiens et les Japonais ; enfin on fit plusieurs autres questions que les quatre secrétaires
écrivirent avec les réponses, pour les porter à leurs

supérieurs. Après avoir pris le nombre de l'équipage et la mesure du vaisseau, le mandarin s'en retourna accompagné de ceux qui étaient venus avec lui.

« Le petit peuple du Japon vit dans une condition pire que celle des esclaves, par rapport aux nobles et aux mandarins; ils n'osent leur parler qu'à genoux, la tête penchée vers la terre, les mains jointes sur le front et les étendant vers le mandarin pour marque de respect. C'est ce que faisait l'interprète lorsque le capitaine de vaisseau avait répondu. Quand un mandarin s'embarquerait sur un vaisseau, dont l'équipage serait de mille hommes, on n'entendrait pas une seule parole, le commandement se faisant par signes; le pilote se sert d'un éventail, qu'il pousse à droite ou à gauche pour diriger le timonnier.

« Le lendemain, le mandarin partit dans un palanquin pour Amiaco, autrement Meaco, où il alla rendre compte à l'Empereur de l'arrivée du vaisseau portugais; et, pendant son voyage, on envoya de la ville au vaisseau quantité de rafraîchissements. On fit savoir aux Portugais qu'ils n'avaient qu'à demander tout ce dont ils avaient besoin, qu'on le leur donnerait; et, quoiqu'ils ne se déclarassent pas fort là-dessus, les Japonais ne laissèrent pas de leur fournir ce qu'ils jugèrent pouvoir leur manquer.

« Le vaisseau était gardé jour et nuit par dix *funes*, ou barques remplies de soldats, qui prenaient garde qu'aucun Portugais mît pied à terre, ni qu'on jetât aucune chose en mer. Il arriva même un jour qu'un canard s'étant échappé, plusieurs de ces barques coururent fort longtemps après pour tâcher de le rattraper; on le prit et on le porta au gouverneur, qui le renvoya au vaisseau, avec ordre de prendre mieux garde qu'il échappât aucun animal et de jeter les ordures en présence des soldats.

« Les Hollandais, croyant que c'était quelqu'un de leur vaisseau, vinrent à bord avec une petite barque; mais, ayant vu que c'était des Portugais, et ayant su le sujet de leur arrivée, ils s'en retournèrent, en leur disant que, dans ce pays-là, il fallait dire la vérité. Ces messieurs n'ont pas la même liberté dans le comptoir de Nangasaké que dans les autres comptoirs des Indes. Aussitôt que leurs vaisseaux sont arrivés, un mandarin se transporte à bord, compte l'équipage et fait porter à terre les voiles et le gouvernail.

« Si quelqu'un meurt, il faut que le mandarin voie le corps avant qu'on l'enterre. Il y a six ans qu'il se trouva deux matelots de moins, qui avaient mis pied à terre, et qu'on jugea être des jésuites, qui s'étaient servi de ce moyen pour entrer dans cet empire; on eut toutes les peines du monde à cacher leur fuite, et ce ne fut qu'avec beaucoup d'argent qu'on gagna le mandarin, et qu'on lui fit voir deux endroits où l'on prétendait qu'ils avaient été enterrés. Depuis ce temps-là, les Hollandais ne prennent aucun étranger à bord des vaisseaux qui vont au Japon; il faut qu'ils soient nés Hollandais, et qu'on sache le pays du père et de la mère. Ils n'ont aucune communication avec la ville et sont obligés de demeurer dans leur comptoir, qui est situé sur un rocher entouré de murailles, et qui a deux entrées : l'une du côté du port, pour embarquer les marchandises, et que l'on ferme avec cinq sceaux, dès que les vaisseaux sont partis, avec défense de l'ouvrir sous peine de la vie; l'autre, du côté de la ville, où il y a toujours une garde ; les Japonais ne permettant le commerce qu'une fois l'an, lorsqu'ils donnent un passeport à la personne qui doit aller saluer l'Empereur à Amiaco, au nom de la compagnie.

« Le mandarin revint de la cour trente-cinq jours après; et s'il fut si longtemps à son voyage, c'est qu'il faut seize à dix-sept jours pour le faire. Il vint à bord du vaisseau, avec les secrétaires et les interprètes. Il ne parla point de son voyage au capitaine, et il lui fit dire que ni l'Empereur, ni son conseil ne savaient l'arrivée du vaisseau; mais que l'ayant communiqué à un secrétaire d'État, il s'était chargé de l'affaire, parce qu'on ne pouvait point parler à Sa Majesté. Il lui ajouta qu'il pouvait s'en aller; mais que, dorénavant, ni lui, ni aucun Portugais ne s'avisassent d'approcher de ces îles, sous quelque prétexte que ce fût; que présentement on leur pardonnait et on leur donnait la vie, en reconnaissance du service qu'ils avaient rendu aux douze Japonais, qui furent conduits dans la ville, où on les aura peut-être fait mourir. Après cette vigoureuse défense, le capitaine demanda ce qu'il serait obligé de faire, si quelqu'autre barque japonaise faisait naufrage sur les terres des Portugais : mais on ne lui fit aucune réponse.

« On lut ensuite l'ordre de l'Empereur, que le secrétaire d'État avait envoyé dans la lettre, et chaque fois qu'on lisait le nom du monarque, tous les Japonais s'agenouillaient. On fixa le temps du départ, et l'on promit de fournir toutes les provisions nécessaires. On avertit encore que, si la tempête, ou quelque accident obligeait à retourner, on eût à revenir à Nangasaké, et ne pas aller dans un autre port, à cause du danger où l'on serait exposé. Les Japonais s'étant retirés, quantité de barques remorquèrent le vaisseau à la portée du canon du port de cette ville, où il resta pendant six semaines, en attendant la saison favorable : lorsqu'elle fut arrivée, les Japonais y portèrent les provisions qu'on avait demandées et de l'eau, dont ils goûtèrent devant les Portugais, afin de leur faire voir qu'il n'y avait rien à craindre. Ils leur rendirent ensuite les images, les chapelets et les croix qu'ils leur avaient retirés à leur arrivée, et qu'ils avaient enfermés dans un coffre, tant ils ont d'horreur pour les dévotions des chrétiens. Ils leur avaient déjà demandé en arrivant pourquoi ils portaient une croix dans leur pavillon, sur quoi les Portugais répondirent que c'étaient les armes de leur roi. Le vaisseau retourna enfin à Macao sans aucun succès, après beaucoup de dépense.

« Le pilote, le contremaître et plusieurs matelots qui étaient de ce voyage-là m'ont dit que le canal de Nangasaké, à l'entrée, est fort difficile à cause de quantité de bancs de sable, d'îles, de rochers, outre la peine de jeter l'ancre quatre fois dans une marée,

qui dans de certaines heures est favorable, et dans
d'autres contraire. Il y a cinq gardes postées le long
du canal, et deux corps de garde à l'entrée de la
baie, qui envoient avertir la ville, lorsqu'on aperçoit
quelque vaisseau ; ainsi Nangasaké, qui n'a ni murailles, ni canons, trouve sa sécurité dans la seule
vigilance de ses habitants. Les maisons sont de bois ;
les rues sont barricadées pendant la nuit, et gardées
par des capitaines qui doivent rendre compte de tout
ce qui s'y passe. Nangasaké est du côté de l'Occident
et a un mille de tour. Les Japonais se rasent la tête
depuis le front jusqu'au sommet, et laissent les autres
cheveux fort courts ; quand ils sortent, ils vont la
tête nue, les mandarins seuls portent un chapeau de
paille fine : ils se rasent la barbe entièrement ; leurs
habits sont courts, au moins ceux des Japonais que
j'ai vus, ils les serrent avec une ceinture, dans
laquelle ils placent leurs deux cimeterres, l'un long et
l'autre court. Les femmes sont habillées de la même
manière, et portent les cheveux épars. Ils ne se servent que de mouchoirs de papier, qu'ils jettent immédiatement après s'en être servis. Le pays des environs
de Nangasaké est montagneux, mais si fertile, qu'il
produit la plus grande partie des fruits de l'Europe.

« On sait d'ailleurs que les Japonais sont idolâtres
quant à la religion, et blancs comme les Européens
quant à la couleur ; ils sont robustes et ont la taille
grande ; leurs épées sont pesantes, et ils s'en servent
à deux mains. Ils ont une boisson appelée *saké*, dont
la composition est de riz et de sucre et qui enivre ;

outre plusieurs autres, dont la couleur est ou verte, ou jaune, ou rouge. La plus grande partie de leurs villes sont bâties de bois. Ils ont des mines d'or, d'argent, et d'excellent cuivre. Les perles qu'ils pêchent tirent sur le roux. Parmi tous leurs arbres, il y en a un fort extraordinaire, puisqu'il se sèche quand on l'arrose, et qu'il se nourrit dans la limaille de fer et le sable sec ; si l'on veut conserver ses branches vertes, il faut y attacher du fer.

« Pour revenir aux Hollandais, dont nous avons parlé ci-dessus, ils sont obligés de passer huit mois de temps tout seuls dans une presqu'île de deux milles de circuit, appelée Dichiva[1], qui tient à la terre ferme de Nangasaké. Au temps de la navigation, le Facteur met des sentinelles sur la montagne pour découvrir la venue des vaisseaux hollandais : lorsqu'on en est averti, et que l'on en sait le nombre, on envoie autant de barques qu'il y a de navires. Il y a une garde dans chacune de ces barques, qui va faire l'inventaire du vaisseau pour lequel elle est destinée, dont le capitaine est obligé de faire écrire le nom, la taille et l'office de tous ceux qui sont sur son bord, d'en donner une liste à ladite garde, que l'on traduit ensuite en Japonais, et que l'on envoie à l'Empereur par un courrier qu'on dépêche sur le champ, les postes étant bien réglées au Japon. Lorsque le courrier est revenu de la cour, tous les Hollandais mettent pied à terre l'un après l'autre, en passant, comme

(1) Ou Décima.

en revue, devant un commissaire, accompagné d'un écrivain de leur nation (tenant tous deux une copie de ladite liste), et d'un secrétaire japonais, qui en tient la traduction : à mesure que chacun passe, on lit tout haut son nom et son office. Les Japonais ramènent ensuite le monde au vaisseau, et portent à terre les voiles, les armes et la poudre; ils abaissent les vergues et ferment les écoutilles, en les scellant d'un morceau de papier, lié avec de la paille d'une certaine manière, qu'il n'y a que les Japonais seuls qui savent le faire et défaire; de sorte que si un marinier a besoin de quelque chose qui soit au fond du vaisseau, il ne peut l'avoir sans la permission du gouverneur qui envoie une personne pour ouvrir l'écoutille et la refermer après que l'on aura pris la chose que l'on a demandée.

« Il est défendu aux Hollandais d'allumer des chandelles dans le vaisseau, et d'y fumer du tabac. L'équipage d'un vaisseau ne peut point avoir de communication avec celui d'un autre vaisseau, et personne n'oserait mettre pied à terre. Les plus heureux sont ceux qui sont destinés à porter à l'Empereur le présent des États-Généraux, et qui ont avec eux une bonne escorte de Japonais qui les ramènent ensuite à leurs vaisseaux avec les présents qu'ils ont reçus de l'Empereur.

« Ils sont obligés, non seulement de saluer l'Empereur à genoux et les mains jointes, mais aussi tous les gouverneurs et les principaux seigneurs du pays. Il ne leur est pas permis de trafiquer avec les Japonais, jusqu'à ce qu'ils soient revenus de la cour — ce qui est un voyage de trois mois et demi — ni même avec ceux qui leur fournissent les aliments nécessaires, qui sont payés dans la suite, quand on en a donné l'ordre. Les marchands japonais peuvent aller trafiquer sur les vaisseaux ; et l'on permet à six hommes de mettre pied à terre, de trafiquer de même pour leur compte, et de demeurer quatre jours ou dans la presqu'île ou dans la ville, à leur choix. On les remène ensuite à leurs vaisseaux, d'où on fait sortir un pareil nombre pour en faire la même chose. Cette liberté dure un mois et demi. Il faut au reste que ces six personnes soient des matelots, et non pas des marchands ; la raison que les Japonais en donnent est qu'après avoir été peu de chose, il est à propos de s'élever. Ces nouveaux marchands louent une boutique pour un écu, d'un homme qui leur sert ordinairement de domestique et de facteur.

« Quant aux marchandises, on en écrit le prix sur la marge de la liste traduite en japonais, que l'on attache à la porte de la ville, afin que tout le monde la puisse lire. Lorsque la vente est finie, on en fait le paiement avec de l'argent au poids ; parce qu'il n'y a point d'autre monnaie qu'une de cuivre de la grandeur d'un liard.

« Les Hollandais portent au Japon du clou de girofle, qu'ils vendent sur le pied de deux écus la livre, de la cannelle, du sucre et des draps. De leur côté ils achètent de la porcelaine, de l'argent, en lingots de différents poids, et de l'or, en cachette ; du cuivre, dont les cent trente livres d'Espagne valent douze écus, et des ouvrages vernis.

« Lorsque le mois et demi est écoulé, les Japonais ne peuvent plus venir à la presqu'île, ni les Hollandais sortir de leurs vaisseaux, excepté les six qui restent dans les comptoirs de la compagnie jusqu'à l'année suivante. Le comptoir est une maison construite de pierres sèches, que les Hollandais ont apportées de Batavia, les Japonais ne leur voulant pas permettre de bâtir avec de la chaux. »

*
* *

Après les Hollandais et les Portugais, ce sont les Russes qui viennent frapper à cette porte inexorablement close.

En 1792, la grande Catherine essaye d'entamer des négociations, sans aucun succès d'ailleurs; elles sont reprises en 1807 par Alexandre Ier qui tente un débarquement à Yeso.

La violence ne réussit pas mieux que la diplomatie.

On ne s'occupe plus des Japonais jusqu'en 1853, époque à laquelle le commodore américain Perry fit une première apparition dans les eaux d'Uruga.

En 1854, il y revient et obtient le traité qui ouvre aux Américains les ports de Shimoda et de Hokodaté.

Quatre ans plus tard, nouveau traité entre le *Shôgun* et les Américains, ouvrant à ceux-ci en même temps qu'à l'Angleterre et à la France le port de Kanagawa, tout près de Yokohama, qui n'était alors qu'un village sans importance.

Ici se place l'accession au trône de l'Empereur actuel. *Mutsu Hito*, celui qui, dix ans plus tard, devait ratifier les différents traités conclus avec les puissances étrangères.

Cette courte période n'est pas exempte de troubles; bien des combats meurtriers sont livrés entre les partisans de l'ancien régime, ennemi des étrangers et des armées impériales.

A l'instigation des *Daïmios* révoltés, parmi lesquels se distingua celui de Satzuma, plusieurs légations sont attaquées, des ministres assassinés, etc. : ces hostilités donneront lieu à des représailles.

C'est Kagosima bombardé par l'amiral Kuper après Simonoseki bombardé deux fois par l'amiral Jaurès seul d'abord, puis de concert avec les flottes alliées.

Cependant, dès 1856, une école avait été fondée à Tokio alors Yeddo, pour l'étude des langues étrangères, et en 1861 les premiers étudiants avaient été envoyés en Europe.

Ces bonnes dispositions se firent sentir particulièrement à l'égard de la France par la demande adressée à cette nation, d'une mission militaire qui ne devait quitter le Japon qu'après avoir complètement organisé son armée, et de légistes chargés de l'adaptation du code Napoléon aux mœurs du pays.

NOTIONS DIVERSES.

Les mœurs, coutumes et industries de l'Europe envahissant le Japon, celui-ci ne pouvait faire moins que d'emprunter aux États occidentaux leur constitution politique.

L'empire japonais s'est donné, le 11 février 1889, une constitution. Le pouvoir suprême appartient au chef, *tenno*, de la dynastie qui règne depuis deux mille cinq cents ans et qui, après la restauration de 1868, a quitté Kioto pour s'établir à Tokio.

L'empereur *Mutsu Hito* accomplit sa trente-neuvième année; il aura pour successeur le prince Yoshi-Hito Harunomiga, son fils aîné.

Une chambre des pairs et une chambre des représentants ont été établies par la constitution de 1889.

Font partie de la chambre haute : les membres mâles et majeurs de la famille impériale; tous les princes et marquis — les titres de noblesse ont été européanisés (qu'on nous pardonne ce néologisme) comme le reste — âgés de plus de vingt-cinq ans;

les comtes, vicomtes et barons de l'empire, âgés de vingt-cinq ans au moins, élus par tous leurs pairs, pour une durée de sept ans, à raison d'un représentant pour cinq électeurs; les membres nommés à vie par l'Empereur, âgés de trente ans au moins — leur nombre ne devant pas dépasser celui de la noblesse; enfin, quinze membres âgés de trente ans au moins, élus par les quinze habitants les plus imposés de chaque district administratif, et confirmés par l'Empereur, dans leurs pouvoirs, pour sept ans.

Les trois cents membres de la chambre des représentants sont élus par le suffrage censitaire. Nul n'est électeur s'il n'est du sexe masculin, âgé de vingt-cinq ans au moins, et s'il ne paye 15 *yen* (77^{r},25) d'impôts directs ou fonciers. Nul n'est éligible s'il n'est âgé de trente ans au moins, et s'il n'a point payé dans son district depuis un an, au moins, le cens électoral.

Le pouvoir exécutif est exercé par délégation de l'Empereur et sous sa haute direction, par les ministres de l'intérieur, de la justice, des finances, de la guerre, des communications, des affaires étrangères, de l'instruction publique et de l'agriculture et du commerce. Le président du cabinet actuel, le général comte *Yamagata-Aritomo*, est ministre sans portefeuille.

Des vice-ministres, correspondant à nos sous-secrétaires d'État, secondent les ministres dans l'expédition des affaires.

En outre du conseil des ministres, un conseil

privé peut être réuni et consulté par l'Empereur. Il est composé d'un président, d'un vice-président, des ministres et de dix-sept conseillers.

Une cour des comptes, un office de législation correspondant à notre Conseil d'État (section de législation), un office des chemins de fer, une cour de cassation, une présidence de la police complètent l'organisme central de la machine gouvernementale au Japon.

L'action de cette machine est exercée sur les 39.607.284 habitants — ils n'étaient que 34.338.479 en 1876 — répartis sur les 24.794 *ri* carrés (382.416 kil. c.) du territoire japonais, par l'entremise des *chizi*, gouverneurs des trois districts de résidence de Tokio, Osaka et Kioto, des quarante-trois districts ruraux. Par exception, les îles Kouriles et l'île de Yéso relèvent directement du cabinet.

Des chiffres que nous venons de relever, il résulte que la population possède au Japon une densité supérieure à celle de la population française — 104 habitants par kilomètre carré au Japon; 72 habitants par kilomètre carré en France.

Le service militaire personnel obligatoire, de dix-sept à quarante ans, s'ajoute depuis le 21 janvier 1889 aux charges fiscales des Japonais. Elles s'élèvent, pour l'année budgétaire 1890-91 à 81.980.081 *yen*, soit 422.197.417 fr. 15 c.

Les impôts dont le produit est le plus élevé sont : l'impôt foncier, l'impôt sur le revenu, sur l'alcool et le tabac.

Dans la statistique du commerce général, l'Angleterre, puis la France tiennent la tête. Le Japon importe principalement des filés de coton, sucres, lainages, cotonnades, machines et instruments, fers, pétrole, drogues, coton, voitures et navires, peaux, vêtements, boissons fermentées, céréales, armes et munitions ; il exporte surtout ses soies, riz, thé, houilles, poissons, soieries, cuivres, poteries, camphres, plantes marines, papier, objets en bambou et en bois.

*
* *

Le nouveau système monétaire japonais a été établi, en 1871, suivant le système décimal français, avec le titre de 900 millièmes, mais en se rapprochant, pour le poids et la valeur, des monnaies des États-Unis d'Amérique (Lois de 1868 et 1871).

L'unité monétaire est le *yen* d'or = 5 fr. 16, très rapproché du poids et de la valeur du dollar américain. On compte en yen à 100 sen.

Monnaies réelles.

	20 yen 33^{gr},333 à 900 millièmes	= 103^{fr},3292
	10 yen 16 666	—	= 51 6646
Or	5 yen 8 333	—	= 25 8323
	2 yen 3 333	—	= 10 3329
	1 yen 1 666	—	= 5 1664

Le rapport du yen d'or au yen d'argent est de 1 à 16,18.

$$\text{ARGENT}\begin{cases} 1 \text{ yen } 26^{gr},956 \text{ à } 900 \text{ millièmes} = 5^{fr},3912 \\ 50 \text{ sen } 12 \quad 500 \text{ à } 810 \text{ millièmes} = 2 \quad 22 \\ 20 \text{ sen } 5 \qquad » \qquad\quad » \qquad\quad = 0 \quad 88 \\ 10 \text{ sen } 2 \quad 500 \qquad » \qquad\quad = 0 \quad 44 \\ 5 \text{ sen } 1 \quad 250 \qquad » \qquad\quad = 0 \quad 22 \end{cases}$$

L'ancienne unité monétaire était l'*itsibou*, pesant 8^gr^,750 au titre de 835 millièmes et valant 1^fr^,75.

On évalue à 500 millions de francs la somme des monnaies, dont 150 millions en or.

Depuis l'établissement de la Monnaie impériale à Osaka, en 1870, jusqu'en juillet 1889, la somme des pièces d'argent d'un yen ou dollar a été de 61.907.877 yen (320 millions de francs).

Monnaies fiduciaires :

Une circulation de papier monnaie qui en 1886 s'élevait à 76.934.727 yen (385 millions de francs). La Dette publique en 1887 était de 245 millions de yen, dont 7.522.022 en Dette extérieure.

Le gouvernement a un trésor, ou fonds de réserve, qui était, en juin 1886, de 6.350.248 yen.

Poids.

L'unité est le *momme* = 1^gr^,750.
Un momme = 10 pun = 100 rins = 1000 mon.

Un kivan-mé = 1000 mommes = $1^{kg},750$.

Un kiah-mé = 100 mommes = $0^{kg},175$.

Un king (nore) = 160 mommes = 280^{gr}.

Un condorni = 3 décigr., 685 (dans une espèce de fève écarlate qui sert de poids aux Chinois et aux Japonais).

Un pical japonais = $58^{kg},960$.

*
* *

La grosse curiosité géographique du Japon est, sans contredit, le *Fuzi-Yama* (mont Fuzi). Cette montagne, haute de 12450 pieds, dont le cône tronqué s'étale magnifiquement à peu de distance de Tokio, est l'objet d'une vénération profonde. Les Japonais s'y rendent en pélerinage, et il a été reproduit de toutes les façons et sous tous les aspects par les artistes.

Au dire de la légende, cette masse énorme aurait surgi du sol tout d'une pièce, en une nuit, il y a bien longtemps, à l'instant même où le lac Biwa se creusait à cent lieues de distance.

Le *Tokaïdo* ou route orientale est à citer ensuite : c'est le chemin qui relie la nouvelle capitale à l'ancienne, Tokio et Kioto. Très pittoresque, très accidentée, ombragée de pins gigantesques, avec des échappées sur la mer, tantôt perdue dans la montagne et tantôt traversant de riants villages, elle offre au voyageur un spectacle des plus variés et des plus intéressants.

Le *Nakasendo* ou route occidentale conduit de Tokio

à Kusatsu. Quoique moins réputée, elle présente à peu près les mêmes particularités.

Nikko et Nara sont renommés par leurs temples magnifiques ; ils ont été décrits bien souvent.

Le célèbre voyageur Marco Polo donne au Japon le nom de *Zipangou*, traduction littérale du chinois *Je-pen Kouo*, qui veut dire Empire du Japon. La même appellation se retrouve sur le globe de Martin Behaim de Nuremberg en 1492.

Japon, en anglais se dit : *Japan*, en japonais *Nippon* (littéralement : *Source de la lumière*). *Daï Nippon* veut dire : le Grand Japon.

Son pavillon blanc, orné d'un disque rouge central, correspond à cette autre appellation : Empire du Soleil levant.

** **

L'histoire a conservé les noms de 130 souverains, parmi lesquels on compte dix impératrices ; la plus célèbre est Jingò-Kôgò. Première en date, elle régna soixante-huit ans de 201 à 269. D'humeur belliqueuse, elle fit la conquête de la Corée ; elle est vénérée sous le nom de Kaschi-Dai-Miôjin.

Les autres sont :
Suiki (593-628).
Kogioku (642-644).
Saïmei (655-661).
Jitò (690-696).
Gemmio (708-714).
Gensho (715-723).

Koken (652-644). Cette même personne règne une seconde fois sous le nom de Shotoku (665-669).

Miojo (1630-1643).

Go-Sakuramachi (1763-1770).

Les *Shóguns*, dénommés à tort *Taïkuns* par les Européens, sont ces chefs militaires qui, sous le couvert des empereurs, gouvernèrent le Japon depuis le xiiie siècle jusqu'au milieu du xixe. Ils sont au nombre de 45.

Les trois plus célèbres *Shóguns* sont :

Yoritomo (1146-1190), fondateur du régime féodal militaire ;

Hideyhosi, plus connu sous le nom de *Taïko* (1536-1598), fils de paysan parvenu au pouvoir suprême ;

Iyeyasu (1542-1616), le premier des Tokugawa qui se perpétuèrent jusqu'à nos jours.

* *

Dans le temps où l'empereur Charlemagne apprenait à lire, le bonze Kobo-Daïshi inventait l'alphabet *Hirakana*.

* *

Les Japonais ont si bien mêlé la légende à l'histoire qu'il est impossible de savoir la vérité sur maints personnages dont les faits et gestes sont le plus souvent en contradiction avec les lois de la nature. On cite parmi eux :

Okamé, la femme la plus gaie qu'on ait jamais vue

au Japon et dont l'image est reproduite partout, dans ce pays de la bonne humeur.

Benké, guerrier terrible et colossal, vaincu par le jeune Yoshitsuné, frère aîné de Yoritomo.

Tekiaï, *Li-Tié-Koué* en chinois, avait le pouvoir d'envoyer son âme hors de son corps.

Raiko, grand exterminateur de démons.

Komati, poétesse du IXe siècle, célèbre autant par son talent et sa vie brillante que par sa fin malheureuse. Un de ses plus fervents adorateurs a été mainte fois représenté jouant de la flûte sous son balcon.

Kugutsumé Kanéko, la femme hercule, douée d'une force telle qu'elle peut retenir sous son bras celui d'un homme qui a porté la main sur elle, sans qu'une seule goutte de lait s'échappe du seau plein qu'elle porte sur sa tête, et cela malgré tous les efforts que fait l'homme pour échapper à l'étreinte. Ailleurs elle arrête un cheval emporté en posant simplement le pied sur la longe qui traîne à terre.

Urashima Taro, qui vécut pendant mille ans au fond de la mer en compagnie de la reine des eaux. Rendu à ses filets après cette petite fête — Urashima était pêcheur — il ouvrit, malgré la défense qui lui avait été faite, une boîte qu'il tenait de son aquatique amie et mourut subitement.

Yamato-Dake le plus grand batailleur de l'antiquité.

Yasumasu, fameux joueur de flûte dont le regard, à contempler la lune dont il est amoureux, prit un tel éclat, qu'il réduisait ses ennemis à l'impuissance par la fascination.

Shutendôjé, ogre qui faisait son ordinaire des plus jolies filles de Kioto.

Ysrimitsu et *Watanabe no Tuna*, terreurs des ogres.

Tametomo, l'archer indomptable, mettant des armées en fuite et coulant des navires avec ses flèches.

Momotaro, qui sortit, non pas d'un chou, mais d'une pêche.

Akashito, dieu de la poésie.

Soto-ori-hime, déesse de la poésie, sous le nom de *Tamat-su-hima Miojin*.

Asashina, dont la vigueur extraordinaire le fit bien venir de certains démons qui se soumirent à lui.

⁎

Dans l'œuvre des artistes, on trouve souvent, associés, les mêmes animaux et les mêmes plantes; ces rencontres ne sont pas de pures fantaisies ainsi qu'on en jugera par les exemples suivants :

LA CHÈVRE ET LE BAMBOU. — Parce que la chèvre est très-friande du mûrier à papier et même du papier fabriqué.

LE COUCOU ET LA LUNE. — Par allusion à une légende concernant Yorimasa, une sorte de saint Georges, tueur de monstres, qui n'avait pas moins d'esprit que de vaillance (xiiᵉ siècle); un Kugé étant venu lui apporter un sabre d'honneur, lui adressa un madrigal en vers dont voici le sens : « Comment le coucou monte-t-il au-dessus des nuages? » allusion à la gloire du héros, à quoi Yorimasa répondit en improvisant deux vers qui veulent dire à volonté : « La lune montante ne s'arrête pas au commandement » ou « Je n'ai fait que bander mon arc et la flèche est partie ».

Il paraît qu'il y a là un jeu de mots délicieux pour les Japonais.

LE RENARD ET LE CHRYSANTHÈME. — Autre légende. Un prince indien était hanté par un renard qui avait la forme d'une ravissante jeune fille; elle s'endormit un jour sur un lit de chrysanthèmes et reprit sa forme naturelle de quadrupède.

MOINEAU ET BAMBOU. — Les deux plus gracieuses figures de la création, chacune dans son règne.

LES OIES ET LES JONCS. — Les oies, dans leurs longues courses, emportent dans leur bec des joncs qu'elles laissent tomber sur les étangs, avant de s'y poser et qui leur servent de bouées. Il est fait allusion par là au soin qui doit présider au choix d'une résidence.

LE BŒUF ET LA PÊCHE. — Un proverbe chinois dit : Lâchez un cheval sur une montagne en fleurs et un bœuf dans un verger de pêches.

PETIT VOCABULAIRE [1].

L'alphabet.

ワ	ラ	ヤ	マ	ハ	ナ	タ	サ	カ	ア
wa	ra	ya	ma	ha	na	ta	sa	ka	a
ヰ	リ	イ	三	ヒ	二	チ	シ	キ	イ
wi	ri	yi	mi	hi	ni	chi	shi	ki	i
ウ	ル	ユ	ム	フ	ヌ	ツ	ス	ク	ウ
wu	ru	yu	mu	hu	nu	tsu	su	ku	u
エ	レ	エ	メ	ヘ	子	テ	セ	ケ	エ
we	re	ye	me	he	ne	te	se	ke	e
ヲ	ロ	ヨ	モ	ホ	ノ	ト	ソ	コ	オ
wo	ro	yo	mo	ho	no	to	so	ko	o

Numération.

Hitotsu, ichi	. . . . .	1	*Mutsu, roku.*	6
Futatsu, ni.	. . . . .	2	*Nanatsu, shichi.* . . .	7
Mitsu, san	. . . . . .	3	*Yatsu, hachi.*	8
Yotsu, shi.	. . . . . .	4	*Kokonotsu, ku.*	9
Itsutsu, go	. . . . . .	5	*To, jŭ.*	10

1. L'*u* se prononce *ou*.

Jû-ichi.	11	*Hiaku*	100
Jû-ni.	12	*Ni-hiaku.*	200
Ni-jû	20	*Sen.*	1000
San-jû.	30	*Man*	10,000

Les quatre points cardinaux.

Kita, Nord.   *Higashi*, Est.
Minami, Sud.   *Nishi*, Ouest.

Les saisons.

Haru, Printemps.   *Aki*, Automne.
Natsu, Été.   *Fuyu*, Hiver.

Les mois.

Shô-gatsu	Janvier.
Kisaragi	Février.
Yayoi	Mars.
Uzuki	Avril.
Satsuki	Mai.
Minazuki	Juin.
Fumizuki	Juillet.
Hazuki	Août.
Nagazuki	Septembre.
Kaminashizuki	Octobre.
Shimotsuki	Novembre.
Shiwasu	Décembre.

Les heures.

Ne	Rat	de 11ʰ	à	1ʰ
Ushi.	Bœuf	de 1	à	3
Tora	Tigre	de 3	à	5
U.	Lièvre	de 5	à	7
Tatsu	Dragon	de 7	à	9
Mi.	Serpent	de 9	à	11
Uma	Cheval	de 11	à	1
Hitsuji	Chèvre	de 1	à	3
Saru.	Singe	de 3	à	5
Tori	Coq	de 5	à	7
Inu	Chien	de 7	à	9
I.	Sanglier	de 9	à	11

Ten on Amé. . . . . Le ciel.
Tsuchi . . . . La terre.
Hi. . . . . Le soleil.
Tski . . . . La lune.
Noshi . . . . Les étoiles.
Koumo. . . . . Les nuages.
Nichi. . . . . Le jour.
Yoï tenki . . . . Le beau temps.
Warui tenki. . . . . Le mauvais temps.
— *amé.* . . . . La pluie.
— *karé.* . . . . Le vent.
— *araré.* . . . . La grêle.
— *taïfu.* . . . . L'ouragan.
— *Nidéri.* . . . . La sécheresse.
— *shikké.* . . . . L'humidité.

Midzu..	L'eau.
Kôri.	La glace.
Youki..	La neige.
Meisho	Cité remarquable.
Yama..	Montagne.
Kawa.	Rivière.
Hashi..	Pont.
Hama..	Port.
Minato.	Ville.
Machi..	Quartier.
Mura..	Village.
Michi	Route.
Ishi .	Pierre.
Tsuchi.	Terre.

Miya. Temple shintoïste.

Tera. Temple bouddhiste.

Siro. Château-fort.

Iyé. Maison.

Mado. Fenêtre.

Tokonoma. Retrait où l'on suspend les *kaké-monos*.

Fusuma. Partitions mobiles.

Hikité. Poignées pour mouvoir les fusuma.

Shoji. Panneau de fenêtre en papier.

Ramma. Frise ajourée à rainures tenant au plafond, servant à maintenir les panneaux glissants.

Biyo-bu. Paravent.

Nagamoti. Coffre pour la literie.

Tansu. Armoire à vêtements.

Andon. Lampe posée à terre à chàssis de papier mobile.

Hibachi. Brazero.

Hibashi. Bâtonnets de métal.

Dana. Plateau.

Tobako-bon. Boîte ou plateau contenant ce qu'il faut pour les fumeurs.

Tatami. Natte de parquet.

Fuson. Couverture ouatée.

Kaya. Moustiquaire.

Chigai-dana. Plateau à deux étages.

Makura. Oreiller.

Ishi-doro. Lanterne de pierre.

Tori-i. Portique.

Soroban. Machine à calculer, rangées de boules glissant sur des fils.

Zinc. Une personne.

Otoko. Un mâle, un homme, un domestique.

Onna. Femme,

Himé. Princesse.

Mousmé. Jeune fille.

Musko. Garçon.

Bôtchan. Bambin, petit enfant.

Cha-fou. Coolie qui traîne les pouss'pouss.

Okusama. Madame (terme de respect).

Okamisan. La femme ou la mère une telle.

Ototsan. Le papa.

Obasan. Grand'-maman (dès 35 ans).

Betto. Palefrenier.

Ouéki-ya. Jardinier.

Kosukai. Domestique qui fait les commissions (se prononce koskaï).

Daiku. Charpentier.

Oyazi. La vieille.

Rampu oyazi. Le vieux à la lampe, c'est-à-dire au crâne poli, chauve.

O Mârisan. (T. popul.). Un officier de police (le monsieur qui fait la ronde).

Kimono. Vêtement.

Tabi. Chaussette de toile.

Guêta. Sandale de bois.

Zori
Waraja } Sandale de paille.

Tenugui. Pièce d'étoffe servant d'essuie-mains, de coiffure, etc.

Fundoshi. Pièce d'étoffe qui tient lieu de caleçon.

Katana. Sabre.

Ken. Épée.

Kozuka. Petite lame jointe au fourreau du sabre.

Tachi. Grand sabre.

Wakizashi. Petit sabre, dague.

Aikuchi. Poignard.

Tsuba. Garde de sabre.

Tsurugi. Longue épée à deux tranchants.

Naginata. Hallebarde.

Yari. Lance.

Gusoku. Armure.

Kobuto. Casque.

Sai-hai. Bâton de commandant.

Tate. Bouclier.

Ebira. Carquois.

Yumi. Arc.

Ya. Flèche.

Abumi. Étriers en fer avec incrustations d'autre métal, ayant la forme de lourdes babouches larges du bout et retroussées.

Uma. Cheval.

Neko. Chat.

Nezumi. Souris.

Suzumé. Moineau.

Kitsuné. Renard (se prononce kitsné).

Hato. Colombe.

Inu. Chien.

Uwo. Poisson (vivant).

Sakana. Poisson (apprêté).

Shishi. Lion.

Niwatori. Coq.

Kamo. Oie sauvage.

Sémi. Cigogne.

Matsu. Pin.

Tsubaki. Camélia.

Sakura-gi. Cerisier.

Umé no ki. Prunier.

Hana. Fleur.

Éda. Branche.

Ha Feuille.

Tchiru. S'éparpiller au vent (les fleurs).

Sugi. Cryptoméria.

Tatchibana. Oranger.

Yen. Un dollar.

Sen. Un sou.

Kané. Or.

Zéni. Monnaie de billon.

Rinn. Le dixième d'un sou.

Kanémotchi. Un riche.

Bimmbô-ninn. Un pauvre.

Shaku. Pied japonais (environ 12 centimètres).

Sun. Le dixième du Shaku (soit un pouce).

Cha-ia. Maison de thé.

Cha-dokoro. L'endroit ou l'on prend le thé.

Cha-ire. Boîte à thé.

Cha-no-yû. Un tea-party. Cérémonie du riz.

Saké. Eau-de-vie de riz.

Gozen. Repas.

Gohan. Riz cuit.

Taberu. Manger.

Matsuri. Fête religieuse.

Kogo. Chaise à porteur.

Morimon. Chaise de gala laquée, en forme de maison.

Tsuzumi. Petit tambour à deux faces, ayant la forme d'un sablier.

Biwa. Luth à quatre cordes, qui a la forme de la feuille de l'arbre biwa (de même que le lac fameux).

Sakuhatchi. Flûte à cinq trous.

Fue. Flûte à sept ou huit trous, en bambou ou en ivoire.

Koto. Harpe couchée, à treize cordes.

Kokiu. Violon.

Chamisen. Guitare à trois cordes, qu'on pince avec

une palette en bois. C'est, dit un auteur, le plus
répandu et le plus redoutable des instruments de
musique japonais.

Hitchikiri. Petit hautbois à anche double.

Les plantes d'ornement, qui tiennent une si grande
place dans la décoration japonaise, méritaient d'être
mentionnées d'une façon toute spéciale. Nous devons
à M. Maxime Cornu, le savant professeur du Muséum.
la nomenclature suivante :

Awo momi (Corylopsis spicata).
Tsubaki (Camellia).
Tobira (Pittesporum Tobira).
Tsurumasaki (Evonymus japonicus).
Érables.
Aoki (Aucuba).
Kuchinashi (Gardenia).
Fukuromoki (Ligustrum japonicum).
Teikakatsura (Trachelospermum jasminoides).
Jinchiyode (Daphne odora).
Yuri (Lis).
Shuro (Trachycarpus excelsus).
Shurochiku (Rhapis flabelleformis).
Howochiku (Bambusa Ausca).
Medake (Arundinànà japonica).
Take (Bambous).
Kiki yo (Hatycodon grandiflorum).
Hakone out sgui (Weigelia).
Hi mawari (Helianthus annuus).

Kiku (Chrysanthèmes).
Asa gao (Volubilis).
Dodan (Andromeda japonica).
Tsutsusi (Azalea indica).
Hosen Kwa (Balsamine).
Shiya ga (Iris japonica).
Yama hagi (Lespedeza becolor).
Kwandzoo (Hemerocallis flava).
Gibo (Tunkia ovata).
Yabura (Ophiopogon spicatus).
Omoto (Rhodia japonica).
Ho noki (Magnolia hypoleuca).
Hakou renge (Magnolia conspicua).
Tsoutsou so ka (Hisbiscus rosa sinensis).
Hasu (Nelumbium speciosium).
Keshi (Papaver somniferum).
Keman so (Diclytra spectabilis).
Satzouma Outsougui (Philadelphus coronarius).
Kawa utsuki (Deutzia scabra).
Ouns hama (Deutzia gracilis).
Kurin so (Drunule japonica).
Kasa gourouma (Clematis florida).
Kibune giku (Anemone japonica).
Botan (Dœonia Mautan).
Skaku gahu (Dœonia albiflora).
Gama wouki (Kewia japonica).
Hazebana (Spersia primifolia).
No ibara (Rosa multiflora).
Teou chin bara (Rosa indica).
Temari kana (Hortensia).

Quelques locutions.

Arimas-ka Y en a-t-il?
Arimas-sen. Il n'y en a pas.
Arimas. Il y en a.
Itai. Ah! cela fait mal.
Dai-djô-bu. Ça tiendra, ça va bien (all right).
Dékinai. Ça ne va pas, je ne réussis pas.
Sukoshi. Un peu.
Amari. Trop.
Ikénai. Il ne faut pas; défendu.
Ne-san. Petite!... (Pour appeler à soi).
Djôdann bakari. Vous vous moquez de moi, vous êtes un mauvais plaisant.
Icura? Combien?
Takaï. Haut, cher.
Yasoui. Bon marché, facile.
Mudzukashi. Difficile.
Uresü. Ah! quel plaisir.
Shin-setsu. Qui a bon cœur.
Nama-iki. Poseur.
Sharébito. Les gens distingués.
Baka. Imbécile.
Bérabo. Canaille.
So suruto. Alors, voilà que...
Ohayô. Bonjour (le matin seulement).
Konnitchi va. Bonjour (en général).

Sayonara. Adieu.
Oyasoumi nasaï. Bonne nuit (litt. daignez reposer).
Kaga ya san. Monsieur le porteur de chaise.
Danna! danna! Eh! Monsieur!
Danna san. Monsieur.

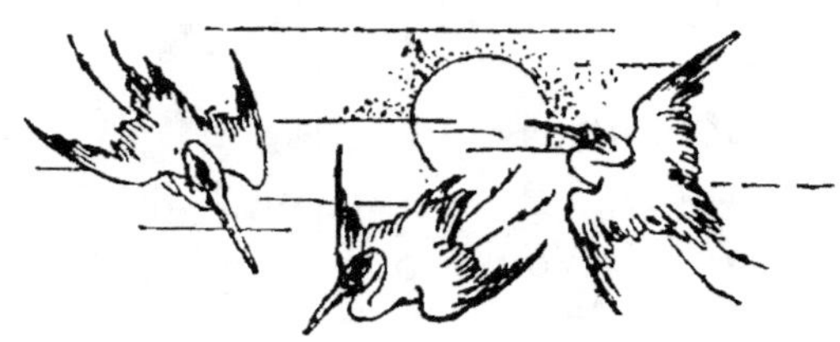

BIBLIOGRAPHIE JAPONAISE

La première partie de ce catalogue est consacrée aux voyageurs anciens les plus célèbres, non pas seulement à titre de curiosité, mais parce que leurs ouvrages font encore autorité, sur une contrée, qui pendant si longtemps, est demeurée fermée à toute exploration.

Par ordre alphabétique, suivent les ouvrages modernes français, anglais, allemands, hollandais et japonais, groupés par nationalité, avec le titre, le lieu et la date de publication ; l'indication des sociétés savantes japonaises, et quelques documents officiels.

Les spécialistes relèveront sans doute dans cette liste plus d'une lacune, mais elle n'est pas faite à leur intention et, telle que la voilà, elle peut satisfaire la curiosité de l'amateur, mis en goût de japonisme. par la lecture du *Japon pratique*, s'il s'en trouve.

C'est d'ailleurs pour ne pas manquer à son titre que l'auteur a marqué d'un astérisque les ouvrages dont on peut avoir communication à la bibliothèque du musée Guimet, en s'adressant à son conservateur. l'aimable et érudit M. de Milloué.

18

Les Anciens.

Marco Polo, 1298. Ce voyageur célèbre parle ainsi des habitants du Japon : « Ils sont blancs, civilisés, politiquement indépendants, heureux et idolâtres. Le pays est si riche en or qu'on en a recouvert le toit du palais de l'Empereur et les planchers à deux pouces d'épaisseur. »

Coenraet Kranier, Hollandais. — Donne le récit de la pompe étalée à la grande fête donnée à la Cour japonaise, le 20 octobre 1626.

Françoys Caron, Français passé au service de la Compagnie des Indes, au XVIIᵉ siècle.

Beschrijvinge van het Machtigh Koninckrijcke Japon. Amsterdam, 1649. In-4. (Voir Mémoire bibliographique sur les journaux des Navigateurs néerlandais et rédigé par P. A. Tiele. Amsterdam, Frédéric Muller, 1867.)

Fernand Mendez Pinto, dont les voyages aventureux ont été fidèlement traduits du portugais en français par Bernard Figuier; Paris, 1628.

Hendrick Hagenaer, commis en chef de la Compagnie des Indes orientales néerlandaises, parti en décembre 1631 sur la corvette *le Grol*, rentré en Europe après avoir rencontré François Caron au Japon, en 1636.

L. Tavernier, Français, 1679. — Recueil de plusieurs relations et traités singuliers. (Traité de la cause de la persécution des Chrétiens au Japon).*

Charlevoix (le P. de), Français, né en 1682, achève à Rouen, en 1736, la publication de son fameux ouvrage en neuf volumes : **Histoire et description du Japon.***

Engelbert Kaempfer, Allemand au service de la Hollande. Son **Histoire naturelle, civile et ecclésiastique du Japon**, écrite en hollandais (1727). a été traduite en anglais par les soins de Hans Sloane, et en français à La Haye (1729). par G. Scheuchzer. *

Béniowski, Polonais au service de la France, concourt à notre établissement à Madagascar, fin du xviii° siècle.

C. P. Thunberg, envoyé au Japon, en 1772, par la Compagnie hollandaise, mort en 1798, auteur d'un **Voyage au Japon par le cap de Bonne-Espérance**, etc., traduit par Langlès, en 1796. — **Ueber die Japanische Nation vorgelesen**, 1874. *

Ph. de Siebold, né à Würzbourg (1796-1866), publie à Leyde **Archiv zur Beschreibung von Japan und dessen neben und Schutzlandern**, l'ouvrage le plus considérable qui ait été écrit sur le Japon, ainsi que de nombreux travaux sur la botanique et la langue japonaise.* **De Historiæ naturalis in Japonia Statu... dissertatio**. Bataviæ, 1824. In-8°. **Manners and customs of the Japanese in the Nineteenth century from recent Dutch Visitors of Japan and the German of Dr Ph. Fr. Von Siebold**. Londres, 1841. In-8°.

Geographical and Ethnographical élucidations to the discoveries of Maerten Gerritsen Vries. Translated from the dutch by F. M. Cowan. Amsterdam, London. 1859.

Isaac Titsingh, ambassadeur hollandais en Chine, à la fin du siècle dernier : Relation écrite par Van Braam Honckgeest. — **Cérémonies usitées au Japon pour les mariages et funérailles**. Paris, 1819. — **Mémoires et anecdotes sur la dynastie régnante des Djogouns**, traduit par Abel Rémusat. Paris, 1820. — **Annales des Empereurs du Japon**, à Paris, en 1834.

Breton. — **Le Japon, ou mœurs, usages et coutumes des habitants de cet Empire**, d'après les relations récentes de Krüsenstern, Langsdorf, Titsingh, etc. Paris, 1818.

Lettre du roi de Portugal Don Manuel à Ferdinand, roi de Castille. 1505.

Pigafetta. — **L'histoire du voyage de circumnavigation de Magellan, 1521.**

Jesus. Cartas que os Padres e Irmaôs da Companhia de Jesus escreverâo dos Reynos de Japâo et China aos da mesma Companhia da India, et Europa, desde anno 1549 até o de 1580. Evora, 1598.

Relacion del Sucesso que tuvo nuestra Santa Fe en los Reynos del Japon, desde el ano 1612 el de 1615, Impérando Cubosama, por el P. Luys Pineyro. Año 1617. Madrid, A. M. de Balboa. In-folio.

Fasciculus e Japponicus Floribus, svo adhuc madentibur sanguine, compositus a P. Antonio Francisco Cardim, Rome, 1646. In-folio.

Witsen (Nicolas). — **Noord en oost Tartarye.** Amsterdam, 1692. In-fol.

Salmon (T.). — **Hedendaagsche Historie… uit het engelsch vertaald, enz.** IX de deel I^te en II^de **Stuk. Behelzende eene Beschryving van Japan; benevens de bezittingen der Portugeezen en Spanjaarden in de Indien.** Leyden, 1778. In-4°.

Ouvrages français.

Albano (L. d'). (Pseud. Léon de Rosny). — **Le Couvent du Dragon vert.** *

Ardouin (Dr Léon). — **Aperçu sur l'histoire de la médecine au Japon.** Paris, 1884.

G. Appert, en collaboration avec M. H. Kinoshita. — **Ancien Japon.** Paris, 1889.

Audsley (A.) et Bowes (J. L.). — **La céramique japonaise.** Paris. 1877-80. *

Bousquet (Georges). — 1. **Voyage dans l'intérieur du Ja-**

pon, 1874. — II. **Une excursion à Nikko** (*Revue des Deux-Mondes*), 1874. — III. **Yézo et les Aïnos** (*Revue des Deux-Mondes*), 1874. — IV. **Les mœurs, le droit public et privé du Japon** (*Revue des Deux-Mondes*), 1875. — V. **La religion au Japon** (*Revue des Deux-Mondes*), 1876. — VI. **Le Japon de nos jours**, etc. 2 vol, in-8. Paris, 1877.*

Burnouf. — **La mythologie des Japonais d'après le Koku Si-riaku.** Paris, 1875.*

E. Chesneau. — **L'art japonais.** Paris, 1869. — **Le Japon à Paris.** Paris, 1879.

Cotteau. — **De Paris au Japon.** Paris, 1883.*

Delmas (R. de). — **Les Japonais, leur pays et leurs mœurs.** Paris, 1885.

Dousdebès (Albert). — **Une vengeance japonaise.** Paris, 1886.

Duchateau (J.). — **Notices sur les Aïnos insulaires de Yézo,** etc. Paris, 1874. — Kotcho-sen-zi. Genève, 1874.

Dubard. — **Le Japon pittoresque.** Paris. 1879. — **La vie en Chine et au Japon.** Paris, 1882.*

Fraissinet (Edmond). — **Le Japon.** Paris.*

Furet (le P.). — **Lettres à M, L. de Rosny sur l'archipel japonais.** Paris, 1861. In-18.

Furth (C. de). — **Un Parisien en Asie, Voyage au Japon,** etc. 1860.*

Gausseron. — **Les fidèles Rônins.** Paris, 1882.

Gonse. — **L'art à l'Exposition.** Paris, 1879. — **L'art japonais.** Paris, 1885.*

Grandeau. — **Extrait des Annales de la science agronomique française et étrangère,** traduit de l'allemand. — **L'agriculture au Japon, son état actuel et son avenir,** par Shin-Kigi-Nagoi.

Geerts (A.-J.-C.). — **Les produits de la nature japonaise et chinoise.** In-8. Yokohama, 1878.

18.

Guimet (Émile). — **Promenades japonaises.** Paris, 1878.
— **Tokio-Nikko.** Paris, 1880. — **Le théâtre au Japon.**
Paris, 1886. — **Le mandara de Kooboo-daï-ssi.** *

G. Guizot. — **Le Japon raconté par Lawrence Oliphant.**
Paris, 1875. *

Hoffmann. — **Notice sur les principales fabriques de porcelaine du Japon** (*Journal asiatique*). 1885. *

Humbert. — **Le Japon illustré.** Paris, 1870. *

Jancigny (Dubois de). — **Japon** (*Univers pittoresque*),
t. XLVI.

Klaproth (J.). — **Nippon o daï-itsi-ran.** — **Annales des
San-Kokf-ran-dzu-sets, Aperçu général des trois royaumes.**
Paris, 1832. — **Empereurs du Japon.** Paris, 1834. *

Krafft (Hugues). — **Souvenir de notre tour du monde.**
Paris, 1885. — **Au Japon** (*Bulletin Soc. Géog. Commerciale.*
t. VI).

Lapeyrère (P. de). — **Le Japon militaire.** Paris, 1883.

Lefévre Pontalis (Germain). — **Un projet de conquête du
Japon par l'Angleterre et la Russie en 1776.** (*Annales de
l'École des Sciences politiques*).

Lequeux (A.). **Le théâtre japonais.** Paris, 1889. In-18.

Lindau (Rod.). — **Voyage autour du Japon.** Paris, 1864. *

Loti (Pierre). — **Madame Chrysanthème.** Paris, 1888. —
L'impératrice Printemps (*Revue des Deux-Mondes*), 1888. —
La sainte montagne de Nikko (*Nouvelle Revue*), 1888. *

Maget (de S.) — **La protestation au Japon.** Paris, 1878. —
Daï-Nippon (*Nouvelle Revue*).

Mène (E.). — **Le Chrysanthème dans l'art japonais.** Paris,
1886. — **Le Japon artistique.** — **Le Japon artistique et litté-
raire.** *

Metchnikoff (Léon). — **Kotcho-sen-zi.** Genève. — **Kouri-
moto, Tei zi-no. Sur la condition de la femme au Japon.**

Paris, 1869. — **Extrait du Koziki ou Cosmogonie japonaise.** Genève. — **Notice sur la religion nationale des Japonais, le culte des Kamis ou Shintoïsme.** — **Compte rendu du Congrès des Orientalistes,** 1878. — **L'Empire Japonais.** Genève, 1880.*

Milloué (de). — **Recherches sur les funérailles et en particulier sur les sacrifices humains au Japon et en Chine** (*Bulletin de la Société d'Anthropologie de Lyon,* 1881).* — **Anciens textes sanscrits du Japon.** Leide, 1884.

Pagès (L.). — **Histoire de la religion chrétienne au Japon.** Paris, 1869-70. Deux vol. in-8. — **Dictionnaire Japonais-Français,** 1898 à 1951. Paris, 1868. — **La persécution des Chrétiens au Japon et l'ambassade japonaise en Europe.** Paris, 1873. — **Histoire des vingt-six martyrs japonais, dont la canonisation doit avoir lieu à Rome en 1862.** Paris, 1862. — **Bibliographie japonaise** ou Catalogue des ouvrages relatifs au Japon qui ont été publiés depuis le xv° siècle jusqu'à nos jours. Paris. 1859, in-4.

Plauchut (E.). — **Formose et l'expédition japonaise** (*Revue des Deux-Mondes,* 1874).*

Régamey (Félix). — **Okoma.** Paris, 1883.*

Rémusat (Abel). — **Note sur la description des îles Mounin-sima** (*Journal asiatique,* t. VII. — **Mélanges asiatiques.** Paris, 1825-43.*

Rosny (de). — **Mémoire sur la chronologie japonaise.** Paris, 1857. — **Anthologie japonaise.** Paris. 1877. — **Dozi-Kuay l'enseignement de la jeunesse.** 1878. — **La grande déesse solaire. Ama-terrassou-oho-Kami.** — Revue de l'histoire des religions. 1884. — **La civilisation japonaise,** Paris, 1883. In-8. — **Question d'archéologie japonaise.** Paris, 1882. — **Les sources les plus anciennes de l'histoire du Japon.** Paris. 1882. — **Catalogue de la Bibliothèque japonaise de Nordenskiold.** Paris, 1883. In-8°. etc., etc.*

Roussin (A.). — **Une station navale au Japon** (*Revue des Deux-Mondes*), 1865.

SARRAZIN (P. F.).— **Histoire de l'impératrice Zin-gou, quinzième Mikado du Japon.** 206 à 269 de notre ère.* — **Mémoire de l'Athénée oriental,** 1872.

SERRURIER (L.).—**Kasira-gaki-zou-vo-kin-mou-dzuwi-taï-seï. Encyclopédie japonaise. Le chapitre des quadrupèdes,** etc. Leyde, 1875.

SICHEL (P.). — **Notes d'un bibeloteur au Japon.** Paris, 1883. In-8°.

TURETTINI (F.). — **Komatsou el Sakitsi, ou la rencontre de deux nobles cœurs dans une pauvre existence.*** — **Histoire des Taira.** Genève, 1874-75.

VILLARET (E. de). — **Daï Nippon.** Paris, 1889.*

VINCENT (L.). — **Le Japon** (Contribution à la géographie médicale). Paris, 1890.

Ouvrages anglais.

ADAMS (F. O.). — **History of Japan.** London, 1875. Traduit en allemand par Emile Lehmann. Gotha, 1876. 2 vol. in-8°.

ALCOCK (R.). — **International exhibition, 1862.** — **Catalogue of works of industry and art, sent from Japan.** — **The capital of the Tycoon.** Londres, 1863. Deux vol. in-8. — **Art and art industries in Japan.** London, 1878.

ANDERSON. — **Pictorial arts of Japan.**

AUDSLEY AND BOWES. — **The Keranic Art of Japan.**

AYRTON (Chaplin, M.). — **Child-life in Japan.** Londres, 1879.

BIRD (I.). — **Unbeaten tracts in Japan.** Londres, 1881.

BLAKE (J. L.). — **Young Japan.** London, 1880.

BOWES (J. L.).   Japanese Marks and seals. Liverpool, 1882, gr. in-8°.

BRAMSEN (W.). — Japanese chronological Tables. Tokio, 1880. In-4°.

CHAMBERLAIN (Basil Hall). — Mémoirs of the literature College Impérial University of Japan. N° 1. — The language. mythology, and geographical nomenclature of Japan viewed in the light of Aïno Studies, including « An Aïnu Grammar » by John Batchelor, and a catalogue of books relating to Yezo and the Aïnos. Tokio, 1887, grand in-4°.

CROW (A.-H.). — Highways and Byways in Japan. Londres. 1883.

CUTLER. — Grammar of Japanese ornament. Londres, 1880.*

DRESSER. — Japan. its art and art manufactures. Londres. 1882.*

DICKINS (F.V. — Chiushingura, or the Loyal League, a Japanese romance.* — Taketori no Okina no Monogatari. — The earliest Japanese romance written in the tenth century. Londres. 1888.*

DICKSON (Walter — Japan. A sketch of the history, government and officers of the empire. Édimbourg, 1869.

GRIFFIS (William Elliot). — The Corean origin of Japanese art (*The century magazine*. Décembre 1886). — Japanese fairy World. Story from the Wonder land. Schenectady, N. Y. 1880.

GOLOWNIN (Captain R. N.,. — Japan and the Japanese. Londres, 1852. — Narrative of my Captivity in Japan during the years 1811, 1812 et 1813, etc., to which is added an Account of Voyages to the Coasts of Japan and of negotiations with the Japanese for the release of the author and his companions by Captain Rikord. London, 1818. 2 vol. in-8°.

HARINGTON GUBBINS. — A Dictionary of Chinese-Japanese words in the Japanese language.

Hawks (Francis). — **Narrative of the expedition of an American Squadron to the China Seas and Japan, performed in the years 1852-54 under the command of commodore Perry.** Washington, 1856.

Hepburn (J. C.). — **Japanese-English and English-Japanese Dictionary.** Tokio, 1886.*

Hoffmann (J.-J.). — **Shopping dialogues, in Japanese, Dutch and English.** Londres, 1861. — **Japanese-English Dictionary.** Leyden, 1881. In-8°.

Holtman (E.-G.). — **Eight years in Japan.** Londres, 1883. In-8.

Hooper and Phillips. — **Manual of Marks.**

House (Ed.). — **Japaneses Episodes.** Boston, 1881. In-8. **The Japanese expedition to Formosa.** Tokio, 1875. — **The Kagosima affair, a Chapter of Japanese History.** Tokio, april 1875. In-4°.

Huish (Marcus B.). — **Japan and its art.** Londres, 1889.

Lanman (Ch.). — **Leading men of Japan with an historical summary of the Empire.** Boston, 1883. — **The Japanese in America.** (*Édinburg Review*), 1872.

Liggens (I.). — **One Thousand familiar phrases in English and Romanized Japanese.** New-York, 1881.

Lindau (R.). — **Notes on the city of Yedo, the capital of Japan.*** — **Journal of the North China branch of the Royal asiatic society.** 1864.*

Mc Clatchie (Thomas R.-H.). — **Japanese plays** (dessins et gravures par des artistes japonais). Yokohama, 1870.

Mossman (S.). — **Japan.** Londres, 1880.

Mitford. (A.-B.). — **Tales of old Japan.** Londres, 1871.

Morse (Edw. S.). — **Traces of an Early race in Japan.** New-York, 1879. — **Dolmens in Japan.** New-York, 1880.* — **Some recent publications, Japanese archeology.** Salem, 1880.*

— **Japanese homes and their surroundings.** Boston, 1886.* — **Old Satsuma.** Londres, 1888.*

MULLER (F. Max.). **On sanskrit texts discovered in Japan.** Oxford, 1880.*

PFOUNDES (C.-J.). — **Japan Folk tales.** Londres, 1879. — **Letters from the « Japan Daily Herald ».** Yokohama, 1872.

REED (Edw. J.). — **Japan, its history, tradition and reliques,** etc. London, 1880.

RUNDALL (Th.). — **Memorials of the Empire of Japan in the xvi⁰ and xvii⁰ centuries.** Londres, 1850.*

SATOW (Ernest-Mason). — **The Jesuit Mission press in Japan (1591-1610).** Privately printed, 1888.

SATOW (E.-M.). — **Japanese chronological Tables.** Yedo, 1874. In-8°.

SATOW AND HAWES (E.-M.). — **A Hand-book for travellers in Japan.** Yokohama, 1881.

SHORE (Hon H. N.). — **The Flight of the Lapwing.** Londres, 1881. In-8°.

TRONSON (J.-M.). — **Personal Narrative of a voyage to Japan,** etc. Londres, 1820. In-8°.

TYLOR (Edwards B.). — **Remarks on Japanese Mythology.** Londres, 1877.

WHITNEY (W.-N.). — **A concise Dictionary of the principal Roads, chief towns and villages of Japan with populations, Post-offices,** etc. Tokio, 1889.

— **Appendix to a concise Dictionary of the principal Roads. chief towns and villages of Japan.** Tokio, 1889.

Ouvrages allemands et hollandais.

BRAUNS (D.). — **Japanische Marchen und Sagen.** Leipzig. 1885. In-8°.

BRAUMÜLER (W. Ritter V.). — *Bibliothéca Japonica.* **Verzeischer einer Sammlung Japanischer Bucher, in 1408. Bd.** Wien, 1875. In-8°.

GOEJE (M. J. DE). — **Arabische Berichten over Japan.** Amsterdam. In-8°.

HEINE (W.). — **Japan.** Dresden, 1880.

HENDRICK DOEFF. — **Herinneringen uit Japan.** Haarlem, 1833. In-8°.

JAGOR (F.). — **Etwas über die Steinzest in Japan.** Berlin, 1878.* — **Japanische Kjokk ennioddinger.** Berlin, 1879.

JUSTUS BRINCKMANN. — **Kunst und Kunstgewerbe in Japan.** Hambourg, 1883.

LEVYSSOHN (J. H.). — **Bladen over Japan.** La Haye, 1852; renferme p. 137 et suivantes une bibliographie du Japon.

LIEBSCHER (G.). — **Japan's landwirthschaftliche und allgemeinwirtbschaftliche Verhaltnisse.** Jena, 1882. In-8°.

LIVE (DE). — **Kive archipel.** Leide, 1879. In-4°.*

G. F. MEIJLAN. — J. H. TOBIAS. — **Japan. Voorgesteld in Schetson over de Zeden en gabruiken van dat Ryk byzonder over de Ingezetenen der stad Nagasaky.** Amsterdam, 1830. In-8°.

REIN (J.-J.). — **Japan nach Reisen und Studien.** Leipzig, 1880-86. 2 vol. In-8°.*

RITTAU (J.). — **Topographische Carte von Japan.** Berlin, 1680.* — **Orographische und hydrographische Carte von Japan;** Berlin, 1880.*

SERRURIER (L.). — **Japansche etiquette.** Leïde, 1880.*

VON KUDRIAFFSKY (E.). — **Japan.** Urieu, 1874.

Ouvrages japonais.

FUJISHIMA (Ryanuo). — **Le Bouddhisme japonais.** — **Doctrine et histoire des douze grandes sectes bouddhiques du**

Japon. (Article dans la *Nouvelle Revue*, octobre 1888, p. 741.). Paris, 1889.*

Luyematz (K.). — **The identity of the great conqueror Genghis Khan with the Japanese Yoshitsuné.** Londres, 1879.*

Motono. — **Les relations extérieures du Japon et la ques tion de la révision des traités** (*Bulletin de la Société Géographique de Lyon*, 1884).*

Okoshi. — **Le Japon jadis et aujourd'hui.** (*Bulletin de la Société de Géographie de Lyon*, t. VIII, p. 25).

Tomii (A.). — **Le Shintoïsme, sa mythologie, sa moralité.** (*Annales du musée Guimet*, t. X.)*

Ymaïozumi (J.). — **Du la religion Shinto** (*Compte rendu du troisième Congrès des Orientalistes*). Lyon, 1878.*

Sociétés savantes japonaises.

Tôkio. — **Deutsche Gesellschaft für Natur und Volkerkünde Ostasiens Mittheilungen. In-4".**

Tôkio. — **Tchigakou-Kiôkaï** (*Société de Géographie*), journal in-8°.

Tôkio. — **Rômagi-Kaï. Société de romanisation de l'alphabet japonais. Rômagi-Zashi. In-4".***

Tôkio. — **Imperial University of Japan.*** — 1. **Literature College,** mémoires in-4°.* — II. **College of science,** mémoires in-4°.*

Tôkio-Futsuban-Kwai. — **Société pour la propagation de la langue française.** Tokio, membres japonais et étrangers.

Yokohama. — **Asiatic Society of Japan,** journal in-8°.*

Riuchi-Kwai. — **Société des amis des arts** fondée pour améliorer les conditions des artistes et protéger les œuvres d'art.

Documents officiels japonais.

Japanese education, literature and art. Philadelphie, 1876.

Anuals reports of the minister of education for the seventh year of Meidji.*

Notice sur la Société de langue française de Tôkio et son école. Tôkio, 1888.

The Tôkio technical school. Tôkio, 1888.*

Tokio Daigaku. — University of Tokio. The Calendar of he departments of laws, science and literature. Tokio, 1879-80-81. — Japanese, metric and english Weights and measures, etc., by Edward Kinch. Tokio, 1879. In-8. — A Classified and descriptive catalogue of a collection of agricul-ural produits exhibited in the Sydney International Exhibition by the imperial college of agriculture. Tôkio, 1879.

Stray Notes on Kioto and its environs. Hiogo, 1878.

Catalogue de la Section japonaise de l'Exposition univer-selle de Philadelphie en 1876.*

Le Japon à l'Exposition universelle de 1878, publié sous la direction de la Commission impériale japonaise. Paris, 1878.

An outline of Japanese education literature and arts. by the Mombusho (departement of education), for the Philadel-phia international Exhibition 1876, reprinted for the Paris Exhibition 1878.*

TABLE DES DESSINS

TABLE DES MATIÈRES

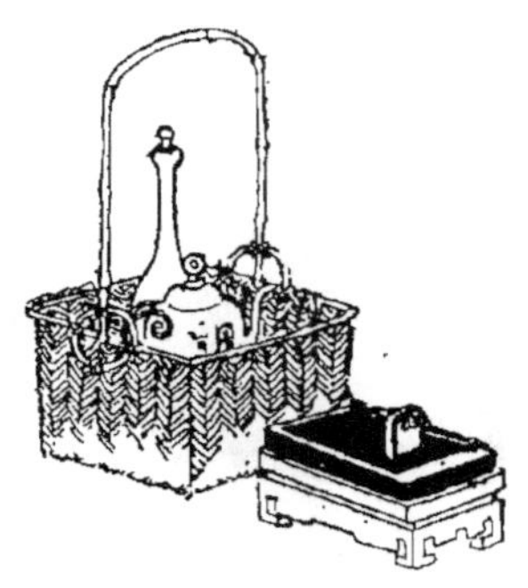

Paris. — Imp. Gauthier-Villars et fils, 55, quai des Grands-Augustins.

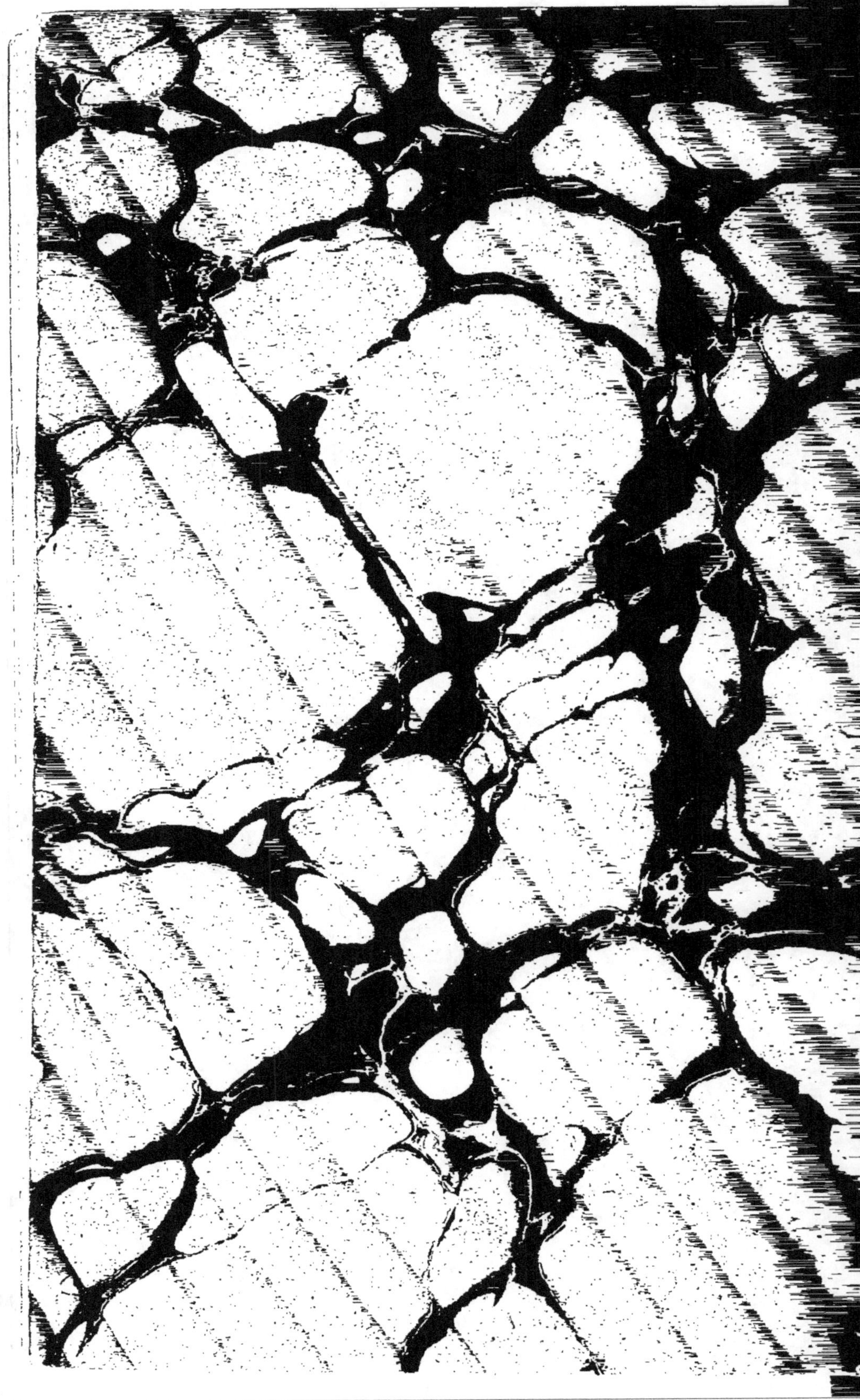